總有您鼓勵

三十五對師生的真情故事

蒲葦　吳皓妍　主編

JPC

目錄

序

永遠不會AA制

潘步釗

我是舊派人，認真準確來說，是非常舊派的人，特別是在傳統文化倫理觀念上。對於師生關係，應該也是時人所說的「離地」極矣！雖不至要動輒遠溯於「天地君親師」的綱常大義，但讀書教學三十年，獨憐時世，有相當堅持的一己看法。

三十年前開始當老師，我就從來不容許學生以顧客或消費者自居。我在課堂內外，都告訴他們「如果你是顧客，那每天五時後，有關你失戀、跟父母兄弟吵架、生活上的許多為什麼，甚至即使你準備自殺，也請不要找我，因為我已經『收工』。不信！你嘗試半夜三點鐘，去超級市場買一瓶可樂，呼號慘叫說你快要渴死了。看看會不會有人開門？」

我是你的老師、朋友，所以你半夜，或者任何時候有困難，我會出現。

當上校長後，我也常將這些話與同事分享，在校內也嚴禁同事將學生稱呼為「客」，在每年的中一收生資訊日，會直接告訴講座中有意報讀的孩子和家長，如果你想在學校當「消費者」，這所學校不適合你！

這樣的「離地」觀念，在二十一世紀的香港當校長，當然不討好亦不合時宜。我的師道觀念很簡單，不必是荀子「君師者，治之本也」，或者是《後漢書》中記載的「臣聞明王聖主，莫不尊師貴道」。不要到了忠臣孝子這樣的高度，只是我相信和喜歡中國人強調一切倫常關係，背後都因為「道德與感情」。

年青時讀教育文憑，遇上許多管理、法規、專業、監察的詞彙，我理解也諒解：教師是人，人會疏懶，會卑劣，更重要是孩子必須要保護。只是，我心裏不舒服，覺得事情好像不應該是這樣的。師生情是人與人相交相處的情感形式，離開繁瑣不貼地的天道君恩、闡釋聖人經典之類，其實只是很簡單的傳授與學習，感恩與愛惜的關係，而且夾著茫茫人海中相逢的因緣。為人弟子，明白老師不必一定要教我，更不必一定要愛我、栽培我；中國傳統師道其實活潑而具人性化。《論語》裏「何傷乎，亦各言其志也」、「有教無類」、「三人行必有我師」，全都是在二千多年前已達到的現代教育理論高度，更難得是學生會視老師為偶像人物，顏淵對老師孔子的仰慕：喟然嘆曰「仰之彌高，鑽之彌堅」；孟子説「得天下英才而育之」是君子三樂的一種；韓愈説「弟子不必不如師，師不必賢於弟子」，剔透通靈；歐陽修送學生徐無黨南歸，殷殷在意：「欲摧其盛氣而勉其思也。」歷史文化一再告訴我，儒家思想讓教育一以貫之，由內而外的價值追求，不是資本主義社會，每一細節都是單位換算，責任價格。

《宋史・楊時傳》記載了一段關於師生的千秋佳話：

熙寧九年，（楊時）中進士第。時河南程顥與弟頤講孔、孟絕學於熙、豐之際，河、洛之士翕然師之。時調官不赴，以師禮見顥於潁昌，相得甚歡。其歸也，顥目送之曰：『吾道南矣。』四年顥死，時聞之，設位哭寢門，而以書赴告同學者。至是，又見頤於洛，時蓋年四十矣。一日見頤，頤偶瞑坐，時與游酢侍立不去，頤既覺，則門外雪深一尺矣。德望日重，四方之士不遠千里從之游，號曰龜山先生。

這是程門立雪成語的由來。中國人讀這故事，想到求學向上之心的可貴，這較多從學生的角度思考；我同樣重視前半「吾道南矣」四字，這是從為人師的角度訴說。程顥送學生南歸，知道自己的學問思想，將隨弟子南歸而得以傳揚散播，是當老師的重要回報。「程門立雪」和「吾道南矣」，然後夾著尊敬、關懷和疼惜，一切的師生美好都已經在這裏了。把師生說成是消費過程，令人討厭和失望，活像懷春少女遇上白馬王子或霸道總裁，喁喁情話，一頓浪漫燭光晚餐之後，他竟忽然跟你說要「AA制」：港幣二百七十八個半，唔該！

師生情是一段真摯動人的愛情，雙方共同付出和經營，進入的角度可以不同，但情感的高度和濃度是一樣的。

我本來以為自己是這樣的不合時宜，讀到本書，發覺我深信的故事，原來在現實世界仍舊花開季季，我嚮往的師道依然處處迴蕩。書中三十多對師生的文字對話，反映師生情沒有邊界標籤，不管是教授、院長、博士、成名作家、為人師或將為人師、畢業已多年或者仍然在學，如果曾經認真泅游過，相期心事，都願意回頭眷戀，珍惜那些動人的氣息與溫度。書中許多話叫我這為人師者細味與警策：「謝謝你的堅持，讓我找到學習的樂趣，讓我喜歡上學，甚至期待上學」；「假若我不曾遇上你，或者我的人生路向將會截然不同」；「但你卻改變了我的人生」；「有些片段，真是要離開後才會不斷追憶」；「老師您像能看透人心一樣，捕捉到我內心脆弱的一面，在我失落的時候給我溫暖的擁抱」；「高中三年，您說的每一句話，我都記在心裏」；「現在，每當我看見船時，也會想起你」。離開權益、計算與問責，師生間互相關懷、欣賞、學習、鼓勵與影響，最重要的是彼此記住和思念。忝為人師，我們會享受珍惜，而且明白，人生許多種倫常情感，要動人，就必須深情凝睇，答贈往還，永遠不會「ＡＡ制」。

感謝編者用心籌組、編排了豐富，耐溫耐寒的疊疊師生情。書很動人，書名也動人——《總有您鼓勵》。不錯，讀了書中一段段情感和文字的往還，我，被鼓勵了！

導讀指引

再見童年！

黃卓盈同學

親愛的饒老師：

您好嗎？別來無恙嗎？新冠疫情來勢洶洶，得知您仍然辛勤地經營補習社，我心裏又擔心又掛念，心想何時再有機會聽您的課呢？

記得兒時放學後，我總會懷著滿滿的期待來到您的補習社，對那個仍是小學生的我來說，這裏是一個零食天堂——充滿了白兔糖的奶香、薯片的香辣味、棉花糖的甜味……而補習社門前的玻璃窗，總貼著一棵永遠青葱的小樹、一個永遠燦爛的太陽，還有幾隻永遠笑咪咪的長頸鹿、小獅和小虎。我每次上課後的收穫，除了滿腹的零食，詩詞歌賦的書香，更有

與童年結伴前行

饒小珍老師

可愛的卓盈：

很高興收到你的來信，我身體無恙，只是這年半以來，疫情肆虐，一波三折，要好好經營一家補習社的確舉步維艱。然而，只要本著樂觀正面及同舟共濟的精神，我相信暴風雨過後，必然再次晴空萬里，請不用掛心。

遙想當年報讀師範學院的時候，我認為懷著一顆赤子之心的人才能成為一位好老師。這樣的老師會體諒小孩子，又會從小孩子的角度出發，知道他們的需要，因而教導他們時便能順風使船，游刃有餘。所以，我為樂研坊補習社裝潢時也花了不少心思，務必營造一個歡

002

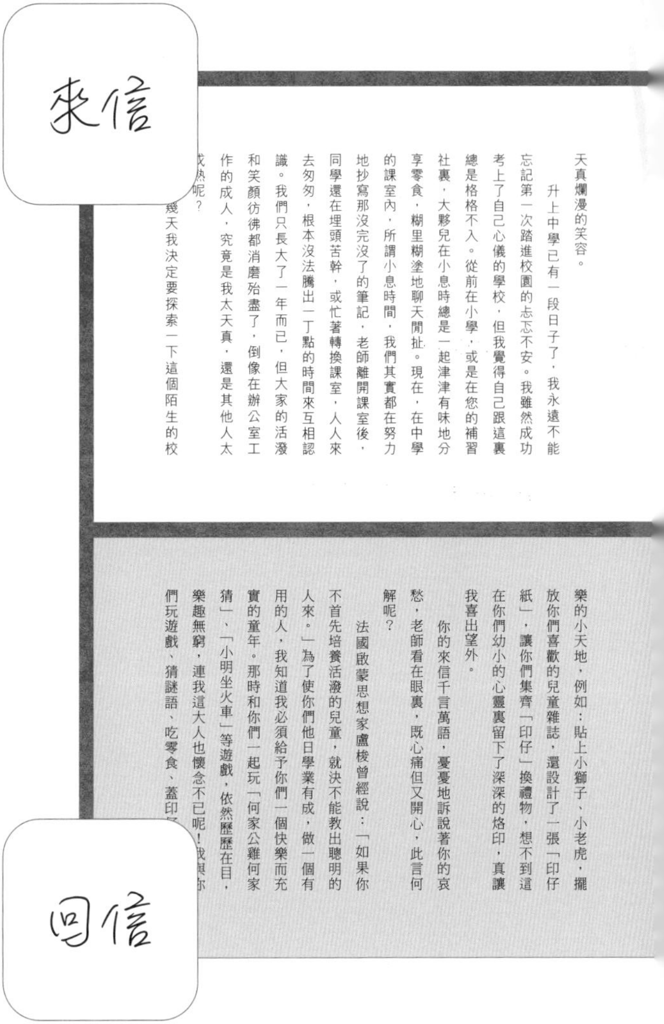
來信
天真爛漫的笑容。
升上中學已有一段日子了，我永遠不能忘記第一次踏進校園的忐忑不安。我雖然成功考上了自己心儀的學校，但我覺得自己跟這裏總是格格不入。從前在小學，或是在您的補習社裏，大夥兒在小息時總是一起津津有味地分享零食，糊里糊塗地聊天閒扯。現在，在中學的課室內，所謂小息時間，我們其實都在努力地抄寫那沒完沒了的筆記，老師離開課室後，同學還在埋頭苦幹，或忙著轉換課室，人人來去匆匆，根本沒法騰出一丁點的時間來互相認識。我們只長大了一年而已，但大家的活潑和笑顏彷彿都消磨殆盡了，倒像在辦公室工作的成人，究竟是我太天真，還是其他人太成熟呢？
幾天我決定要探索一下這個陌生的校
回信
樂的小天地，例如：貼上小獅子、小老虎，擺放你們喜歡的兒童雜誌，還設計了一張「印仔紙」，讓你們集齊「印仔」換禮物，想不到這在你們幼小的心靈裏留下了深深的烙印，真讓我喜出望外。
你的來信千言萬語，憂憂地訴說著你的哀愁，老師看在眼裏，既心痛但又開心，此言何解呢？
法國啟蒙思想家盧梭曾經說：「如果你不首先培養活潑的兒童，就決不能教出聰明的人來。」為了使你們他日學業有成，做一個有用的人，我知道我必須給予你們一個快樂而充實的童年。那時和你們一起玩「何家公雞何家猜」、「小明坐火車」等遊戲，依然歷歷在目，樂趣無窮，連我這大人也懷念不已呢！我與你們玩遊戲、猜謎語、吃零食、蓋印

為方便閱讀一對對師生的魚雁往返，本書採取來回書信並列的設計形式：書頁上部是來信，下部則是回信。通信往來上下相呼應。可先閱讀書頁上部的來信，再細品下部的回信內容。

再見童年！

黃卓盈同學

親愛的饒老師：

您好嗎？別來無恙嗎？新冠疫情來勢洶洶，得知您仍然辛勤地經營補習社，我心裏又擔心又掛念，心想何時再有機會聽您的課呢？

記得兒時放學後，我總會懷著滿滿的期待來到您的補習社，對那個仍是小學生的我來說，這裏是一個零食天堂——充滿了白兔糖的奶香、薯片的香辣味、棉花糖的甜味……而補習社門前的玻璃窗，總貼著一棵永遠青葱的小樹、一個永遠燦爛的太陽，還有幾隻永遠笑咪咪的長頸鹿、小獅和小虎。我每次上課後的收穫，除了滿腹的零食，詩詞歌賦的書香，更有

與童年結伴前行

饒小珍老師

可愛的卓盈：

很高興收到你的來信，我身體無恙，只是這年半以來，疫情肆虐，一波三折，要好好經營一家補習社的確舉步維艱。然而，只要本著樂觀正面及同舟共濟的精神，我相信暴風雨過後，必然再次晴空萬里，請不用掛心。

遙想當年報讀師範學院的時候，我認為懷著一顆赤子之心的人才能成為一位好老師。這樣的老師會體諒小孩子，又會從小孩子的角度出發，知道他們的需要，因而教導他們時便能順風使船，游刃有餘。所以，我為樂研坊補習社裝潢時也花了不少心思，務必營造一個歡

天真爛漫的笑容。

升上中學已有一段日子了，我永遠不能忘記第一次踏進校園的忐忑不安。我雖然成功考上了自己心儀的學校，但我覺得自己跟這裏總是格格不入。從前在小學，或是在您的補習社裏，大夥兒在小息時總是一起津津有味地分享零食，糊里糊塗地聊天閒扯。現在，在中學的課室內，所謂小息時間，我們其實都在努力地抄寫那沒完沒了的筆記，老師離開課室後，同學還在埋頭苦幹，或忙著轉換課室，人人來去匆匆，根本沒法騰出一丁點的時間來互相認識。我們只長大了一年而已，但大家的活潑和笑顏彷彿都消磨殆盡了，倒像在辦公室工作的成人，究竟是我太天真，還是其他人太成熟呢？

前幾天我決定要探索一下這個陌生的校

樂的小天地，例如：貼上小獅子、小老虎，擺放你們喜歡的兒童雜誌，還設計了一張「印仔紙」，讓你們集齊「印仔」換禮物，想不到這在你們幼小的心靈裏留下了深深的烙印，真讓我喜出望外。

你的來信千言萬語，憂憂地訴說著你的哀愁，老師看在眼裏，既心痛但又開心，此言何解呢？

法國啟蒙思想家盧梭曾經說：「如果你不首先培養活潑的兒童，就決不能教出聰明的人來。」為了使你們他日學業有成，做一個有用的人，我知道我必須給予你們一個快樂而充實的童年。那時和你們一起玩「何家公雞何家猜」、「小明坐火車」等遊戲，依然歷歷在目，樂趣無窮，連我這大人也懷念不已呢！我與你們玩遊戲、猜謎語、吃零食、蓋印仔等，全部舍，在高年班課室附近，我驀然發現一排又一排的獎杯櫃，真是了不起啊！這裏顯示了學長們的成功與厲害，彷佛人人也是高手，獎杯一個比一個厲害，不論是體藝、音樂、朗誦還是辯論比賽，無一不馬到功成，奪冠而回。在這些金光燦爛的獎杯前，我忽然明白了什麼是優勝劣敗、弱肉強食的道理。我彷佛預見了自己的未來：我也要在這競爭與淘汰的遊戲中打滾，在成王敗寇的比拼中熬過去。我並不怕競爭，但卻怕淘汰。被對手淘汰的固然不好受，但淘汰對手的也不見得好過。然而，不幸的是我每天都要面對這樣的事實。

其實，同學彼此之間早已意識到大家是競爭的關係了。我們學校的電腦課應用程式跟一般中學不同，因此我需要重新揣摩，可是這個程式實在錯綜複雜，儘管我專心聽課，課後也

都是我精心的設計，為的是要你們學得快樂。揠苗助長只會打亂自然的規律，只會栽種出一些早熟的果實，它們既不豐碩，也不甜美，而且很快就腐爛了。相反，快樂的童年對每一個人都非常重要，它是一個原動力，也是一個信心使你走得更遠、更快樂。不要怕，你已經擁有了快樂的童年，它會伴著你在人生的旅途上昂首前行，迎風破浪。

可能孤單的你，偶然仍然會瞥見在人工智能的世代，競爭更加激烈，隨處都是弱肉強食、優勝劣敗的情景。現在跟盧梭的年代相去甚遠，他的智慧仍適合現代社會嗎？但是老師很想告訴你，無論時代的變化如何翻天覆地，真理都不會改變。知識仍是力量，你的努力、你的毅力是不會白費的。孩子啊，你堅持吧！我難以忘記你稚氣臉上的專注，淘氣笑容裏的

在網上搜索，但依然一籌莫展。交功課的限期快到了，該怎麼辦呢？忽然想起班裏有一位同學，他對電腦瞭如指掌。於是我立刻發一個短訊給他，希望他能指點迷津。怎料，他的回覆竟是：「抱歉，我也不懂，太難了！」我大失所望，但既然電腦健將也束手無策，我們班也應該全軍覆沒了。翌日老師宣佈除了數位同學外，大部分同學都不合格。接著老師在電腦開啟了一個得滿分的檔案做示範，我一看名字大吃一驚，原來得滿分的同學竟然就是那位電腦健將。在那一刻，我意識到中學裏的同學只不過是我潛在的競爭對手了，我鼻子一酸，想起您曾教過的四字成語——爾虞我詐，現在我終於明白這個詞的意思了。又是優勝劣敗、競爭與淘汰！莫非成人的世界就是這樣殘酷？不！無論是小學，還是在您的補習社裏，同學之間

認真。機會是留給有準備的人。你忘記了嗎？你每一次的堅持，最後還是可以吃到你心愛的白兔糖。

不過單單是努力還是不夠的。競爭與淘汰是赤裸裸的力量較勁和硬碰，在此之外，還有一種力量，你要學習的。

在自然界中，千百年來，物種都是弱肉強食的。看啊，曾經稱霸一時的恐龍早已絕種，而那些喜歡廝殺的猛獸，例如：獅子、老虎、灰熊，他們目前的生存境況也岌岌可危。相反，早在恐龍出現之前，地球上就有了蟑螂，牠們至今已生存了三億年以上，為何會這樣呢？關鍵就在於能否適應環境的轉變。所以，不要再眷戀往日的甜美與光榮，反而要沉著應戰，因應變化多端的環境，靈巧地轉身、跳高、蹲下、躲避……久經鍛煉後，你會成長，會變成一個

的關係都不是這樣的……我知道自己不會再次坐在您補習社的小學班裏，但在學業壓得快透不過氣的時候，總是懷念您教室中的星球貼紙，還有放滿玩具和兒童雜誌的小書櫃。我有時忽發奇想，希望可以時光倒流，再次懷著赤誠純真的心坐在您跟前，敢煩桃李之教。燕子飛走了，會有再來的時候；楊柳枯了，會有再青的時候；桃花謝了，會有再開的時候。可是，童年的美妙時光卻是一去不返，任憑我聲嘶力竭地喊過多少遍，它也不會回頭。在世間不同的年代裏，是否都有無數的孩子跟我一樣，行色匆匆地揮別童年？一切都無法挽回了，我該怎樣面對和自處呢？

希望下次經過您的補習社時我能鼓起勇氣踏進去，跟您打招呼，還有跟那個天真爛漫的自己說聲再見……

更堅強和優秀的少年人，也許那時你發覺成長的樂趣更多呢！

事實上，成人的世界並不是只有競爭與淘汰這殘酷的一面，它並不像你所說的那麼糟糕，相反，它同時閃耀出人性的光輝和偉大。記得以前教你做的閱讀理解，總少不了偉人傳記，例如：達文西、貝多芬、諾貝爾、南丁格爾等，他們的偉大不單止是聰明才智，更重要的是他們對生命的希望、對人的信任、對國家的熱愛……這些特質才是令他們偉大的真正原因，而這些特質在你童年時已經擁有了。

揠苗助長固然不當，但是終日留戀和緬懷童年也是故步自封。過去固然美好，但未來同樣值得我們期許。成長是你爸媽走過的路，也是饒老師走過的路，一點也不可怕。如果你還有什麼想不通的地方，隨時來找我吧！樂研坊

敬祝

身體健康！桃李滿門！

學生

黃卓盈上

九月七日

的大門永遠為你打開！或許你會重遇那個天真爛漫的你，向你說：「我會陪著你走！」

祝

身體健康！學業進步！

饒小珍

九月十五日

這些話，只能在這裏剖白

楊傲雪同學

黃老師：

老師您好！能夠得到這個難得的機會和您溝通實屬我的榮幸。在中一時，我害羞的性格總使我害怕與老師單獨談話超過一分鐘，更不用說能問老師多少問題了。若非有這次機會，我估計自己不會在中學生涯未來的日子裏提起勇氣寫信給老師。老師，您下次見到我時請不要期待我能以信中同樣積極踴躍的態度和您溝通，我想我只有在對著紙張前才能毫無保留地説出自己的心聲。

回想在中一中文課時，老師您總愛在授課時提起不同成語，還把它們寫在黑板上。有時

風雨無常，潤物無聲

黃慧琦老師

傲雪：

謝謝你的來信，在此時此刻讀著你的文字，於我而言，也是莫大鼓勵，教我不再吝嗇給予他人輕柔的話語和溫暖的眼神。

你於信中提到的片段，至今我仍歷歷在目。猶記得你當時請了假——不是病假，所以我才在你回校後問候一聲。只是我沒有想過，你竟然還記得這一句簡單的問候，也不知道這句話於你心中的份量。

花不常開，月不常圓，人不長久，生老病死原是世間尋常事。道理我們都知道，都懂得，都明瞭。只是，當真正面對時，其中苦楚，就

候，成語在黑板上佔的篇幅甚至比課文內容還多。我從來沒有想過成語能在日常生活中如此廣泛應用，幾乎每隔寥寥數句便又出現了一個新成語。即使有不少成語我已學過，但經老師您這樣一再提起，竟因此帶來了更多思考的空間，讓我重新在心裏反思這個成語帶給我的道理和價值觀。在這重新翻譯的過程中，有些詞語我把它們翻來翻去還是老樣子，有些詞語在經過年月的沖刷下竟洗掉原本的老樣子，變得不一樣了，一如部分成語從前的解釋和現在不同。即使我現在想重新撿拾從前的模樣，但有些事物一旦滲入了別的念頭，就無法再返回原本的樣子。想到這，心情忽然變得沉重了，但也悲傷不起來。歲月就是能讓很多熟悉的人、事、地、物改頭換面，年日就是你來而我往。即使我只有十四歲，但從很多以前發生的事

好比一顆玻璃心被擊碎，碎片散落一地，無論如何也無法收拾。從此，身體就多了一個洞，隨著春去秋來，可能這個傷口會慢慢癒合，也可能永遠不會復原，只是患處已經不再血肉模糊，也不為他人所察覺，唯獨在夜闌人靜的時候隱隱作痛。

面對生離死別，是人生的修行，而這條修行的路終究是孤獨寂寞的。當中的歷練只能靠自己去克服，其中的心結也只能靠自己去解開。但只要闖過了，我們就變得更勇敢，更堅強，更成熟。隨著年歲的增長，閱歷多了，曾經叫我們傷心難過得死去活來的事可能已變得無關痛癢，驀然回首，只會會心微笑。又或者當我們聽同一個成語故事，讀同一篇文章，或經歷同樣的悲歡離合，也會有截然不同的看法——這就是成長吧？當然，我也還在學習，

中，我也能大約感受到那種世事無常的感覺。尤其是在中一學期末時，我一位摯愛的親戚離開了，在那時候，我的思想也特別的悲觀，然而幸運的是，老師您用真摯的眼神看著我、鼓勵我：「有什麼困難的話，就找老師吧！」在那刻，儘管只有簡單的一句，但我真的感受到了平安寧靜，有所依靠。您並沒有追問整件事的來龍去脈，而是默默地給予我平復心情的空間，這種支持反而是最好的鎮靜劑，教我在最快的時間恢復狀態。我從來沒奢望有親人以外的人會關心我，而且平常我絕少讓傷心的一面給別人看到。但這次，老師您除了關懷我們，也令我知道當我累了的時候，我能躲到您身後，得到保護。我不太清楚這種行為是叫作無私、偉大還是被詮釋成另一種説法，但無論如何，我還是想感謝您的默默守望！

學習安時處順，泰然自若地應對生命中的得與失，聚與散，喜與悲，更何況是你——一個只有十四歲的女孩呢！

成長路上難免跌跌撞撞，但不要怕，只要硬著頭皮，就能闖過去。身邊的人縱然不能代你走完這條單程路，但，總會一直默默守望，只要你願意，隨時聆聽你的心聲，甚或給你一個結實的擁抱。最後，還是想和你說：有什麼困難的話，就來找老師吧！只願你在寒冬中，仍能昂然挺立，傲雪凌霜！

黃慧琦

一月，寫於父親喪禮前夕

黃老師，希望未來四年內我還有機會獲得您的教導，在您的課堂上聽到不同成語的故事。也許在那時候，我能在聆聽的過程為那些詞語作一個詮釋，也許只是在原來的版本上增添新的觀感。感謝您在中一教導我時的悉心照顧，以及到現在還找我參加不同的活動和比賽。在此，學生想對您說聲謝謝，感謝您對我這位過分感性的學生的照顧。

最後，希望老師您和您腹中的孩子皆身體健康！

學生

楊傲雪敬上

八月八日

尋找生活中的細節

林穎兒同學

親愛的陳老師：

剛才我拿起筆仔細計算了一番，今天是我們因為疫情而不能見面的第六百一十七天。在這段漫長的時光裏，我總是幻想著在某一天的早上，剛睜開眼睛就收到疫情結束的消息。我經常在睡夢中浮現學校和您的影子，就像是曇花一現。除了生活中點點滴滴的細節與思念，好像還有什麼從缺了。是的，我也一直欠您一句問候：「陳老師，在這段備受煎熬的日子裏，您過得還好嗎？」

無論世界發生什麼變化，生活還是要繼續。身為一個跨境學生，不能在學校與老師當

疫情下更可貴的師生情

陳翠玲老師

親愛的穎兒同學：

收到你的來信，心中實在激動不已，激動在於疫情下竟收到來自深圳的信件！

你說這是我們沒有相見的第六百一十七天，哈哈，這句話感覺有點像情人的別離。也許，多情自古傷離別，倘若沒有情，看到你的來信便不會心頭一陣顫動，不會腦海浮現一幕幕上課的畫面，淚滴不會差點模糊了你的字跡。

你說得對！我的腦海又何嘗不是常常縈繞著你們的笑聲、琅琅的讀書聲和站立敬禮的身影！

猶記得疫情剛開始的時候，你們才中二，

面互動一直都是我在這段時間的遺憾。網課持續的時間長了，多少還是會感到寂寞無聊。可幸生活總仍有些小情調，疫情期間也發生了不少有趣的事情。例如，我終於有時間留意自己的體重了！在新年過後的一個星期，我拿出了長年放在雜物房的體重秤。這一測實在令人嚇一跳，我竟然胖了四公斤。看到自己的體重時，我的臉上寫了「不可置信」四個字。我手忙腳亂地拿起體重秤，並急忙關機，生怕附近的人看到那屬於我的秘密。不知道陳老師有沒有經歷過上述絕望但又好笑的瞬間呢？

我在疫情期間，並沒有忘記學習！還記得您提醒過我，提升自己語文能力的最好辦法就是看書。在疫情的「長假」裏，我也經常流連書店。吃飽午飯後在書店坐下，再次抬頭時，窗外的月亮早就不知在何時悄悄爬出來了，月

我擔任你們的班主任。那個學年節目相當豐富：十月的校運會，我們一起為班上的健兒打氣；十一月的旅行日，我們一起玩閃避球；十二月的聖誕聯歡會，我們一起享用到會、抽獎，每個活動也有你們的身影，歷歷在目。

傻孩子，千萬不要以「欠」來形容對我的慰問。雖然今年才是我成為老師的第二個學年，但轉眼間你們就已是中三的「小大人」。記得我為你們批改作業後，你在網上教室也傳來真摯的一句：「辛苦您啦，陳老師。」這確讓我暖在心頭，這亦驅使我更盡力批改你們在學校電郵傳來的功課和默書，也驅使我特別在小息前一堂、網課後也說了句「麻煩跨境的同學留一留步！」經過這一「疫」，反而更拉近我們之間的距離，同學也似乎更學懂珍惜身邊的人和事。

亮的光線傾瀉下來。不知陳老師喜歡看什麼類型的書？這段時間，我看了許多種類的書，但依舊還是喜歡劇情輾轉反覆，撲朔迷離的偵探小說，我最喜歡的兩位作家是阿加莎·克里斯蒂和東野圭吾。如果陳老師也喜歡看這類小説的話，我強烈推薦他們寫的書（當然，如果您看過我就更開心了）！

以上是我生活的分享。我知道人生有不少不如人意的地方，但我一直清楚，發掘生活裏少有的、細枝末節的快樂與幸福，能夠組成許多種無比珍貴的回憶。我很慶幸能遇見老師，也同樣希望我們能夠一起，以積極樂觀的態度面對過去與展望未來。因為，雨過後就有彩虹，我們心中的桃花，一定會在不久的將來燦爛盛開的！

雖然香港和深圳只是隔了一道河，但因疫情襲來，我們彷彿相隔萬里。

你説建立了閱讀習慣，聽到後實在讓我喜出望外！想不到你把我在課堂上對你們的叮嚀銘記心上。我能感受到你遊覽書海的快感，直至月亮悄悄爬起。海上生明月，天涯共此時，我也喜歡臨睡前開卷閱讀，我也喜歡東野圭吾的《解憂雜貨店》呢！故事講述三位少年無意中來到一家「浪矢雜貨店」，並為著以前的店主，將一些寄來的煩惱諮詢信件，一一用心解答。某天，三位犯了事的少年因逃避警方的追捕來到雜貨店，赫然，信箱傳來了三十多年前的來信：女歌手、迷惘少女，因著寫信，少年的情感也慢慢起了變化，更奇妙的是，這位原本失意的女歌手啟發了一個孤兒院的孩子，他長大後更成為了孤兒院的善心商人。時空、故

祝

萬事如意！

學生

穎兒敬上

九月十三日

事情節巧妙交織，與此同時，三位少年的生活有所改變，故事的尾聲更發現三位少年所搶劫的對象便是當年被女歌星啟蒙的孩子！這實在是一本極具震撼力的書籍呢！

《活著》更是一部令人難以忘懷的小說。故事環繞故事主人翁徐福貴顛簸曲折的一生。他本來生在一個地主家庭，可惜因賭癮而不得不賣掉家產償債，妻離子散，後來他以擺小攤檔餬口。然而，經歷國共內戰，他又被徵召入伍，後來輾轉下他也保全性命回到家鄉，又與妻子家珍、女兒鳳霞、兒子有慶團聚。怎料一場意外奪走兒子的生命、女兒鳳霞因產後失血過多而死，家珍亦在病床中鬱鬱而終，最後只剩下福貴與孫兒相依為命，彷彿福貴的一生注定沉鬱悲痛。

或許，我們的確無法掌握未知的苦難。

我喜歡這兩個故事的原因是前者看見三位年青人的生命有所成長，他們的回信和浪矢伯伯的回信也很真誠；後者令我們反思自己是否能把握今天、活在當下。因此，我真的欣賞你享受每一天、把握每一天和竭力追求進步的心態，但願我們在逆境中仍可迎難而上！多謝你的來信，帶領我細味我們相聚的回憶片段。期待你回港後一起品嚐你喜愛的「梳乎厘班戟」。

祝

學業進步！

陳翠玲

九月二十八日

follow your dreams
023
024

那年，十四歲。

灤美同學

敬愛的華老師：

您好嗎？最近生活如何？生活平淡無趣，但驀然回首，我卻已懵懵懂懂地渡過了四年中學生涯。這兩年來，本以為自己手上的「秘密」在時間的洗禮下，已銷聲匿跡，但在一次考試中被您發現。隱藏的「秘密」被揭露，我並沒有感到慌張，因秘密早已被揭露了好幾回，關心的說話太多，我只能戴著微笑的面具「欣然接受」，但心裏的疙瘩仍在。每每提起，我也只能不情不願地想起那年，十四歲。

那一年，如同被心魔折磨、被九十九道雷電擊中、被大象壓過身體、被拋棄在深海中，

漫漫長路，努力求索

華方老師

灤美：

謝謝你的來信，也感謝你與我分享這一切。認識你一年有餘，但當中大半時間是在那虛擬的空間，因此也未有很好地與你和你的同學相處，了解你們。你一直給我的感覺就是一個乖巧、上進的女孩，用心完成課業，上課專心聽講。直到期末考試那天，才赫然發現你的耳朵上有數個耳窿，心想原來你也有新潮的一面；然後，我看見你手上的傷痕，心裏先是一陣驚訝，然後想起《家寶》書中的內容，並猜想究竟是怎樣的傷痛，迫使你要用這種方式去面對。本想在收卷後向你查問，但又生怕

而我也只能在壓力中苟且偷生。十四歲的我，心中藏著千個夢想，也對未來充滿著無限憧憬。但夢想歸夢想，現實歸現實；夢想天真可愛，現實殘酷無情。我總把夢想想得太美好，換來的卻只有無情的打擊。友人皆知我視排球如命，它是我的夢想、我的興趣。沒有它，我的生活淡然無味，也毫無色彩，但現實是，突如其來的疫情奪走了我這生命中的唯一。在那不知限期的停課中，我慢慢地迷失了，失去了原來的目標，停下了原本急速前進的腳步。猝然而來的變故使我束手無策，四顧惘然。我如同魚缸中的小魚，漫無目的地游著。當我想尋求家庭的溫暖，以填補內心的缺失，卻發現家中只有埋怨聲，家不成家。我不愛家，家中瀰漫著我討厭的煙味、我憎恨的「大男人主義」。本以為家是我唯一的避風塘，才發現我的「家」

提起這傷痛會影響你的考試表現。經過一番掙扎後，才決定等你完成考試才向你了解，並為自己找了一個理由：既然你沒有遮掩手上的傷疤，大概是放下了那段「往事」。在此，為我冒昧提起你的傷痛說聲抱歉。

看完你的來信，我想起了劉若英的「給十五歲的自己」，暗道：你這哪是給我寫的信，分明是你寫給十四歲的自己。不知道你有沒有聽過這首歌，歌的開首是這樣的：

知道嗎　總是惦記
十五歲不快樂的你
我多想　把哭泣的你　摟緊我懷裏

你是否也想與十四歲的你好好擁抱呢？你說，你要向當時的自己說對不起，但其實你要說的是謝謝，而非對不起。十四歲的你面對著這麼多的苦痛，不但沒有服輸，反而倔強地面不在這裏，在通往安泰的橋。我在這裏俯視著自己的家、享受著頭髮被微風輕輕地吹拂，這是令我心靈得到安慰的方法。

然而，這個方法已不足以填補我內心的空洞，壓力仍在我身上不斷流動又不斷加重，由大腦流到眼睛、由眼睛流向手指，彷彿無盡的迴廊，終究找不到出路。我為自己剪了短髮，短得像卡通人物中的小丸子，以為這至少能減輕一點身上的負擔。後來，我又在耳朵上釘上數個耳窿，耳朵的痛楚或多或少令我感受到肉身的存在，但仍未能召回離去的魂魄。早前您送給我《家寶》這本書，您在其中一頁貼上了便條紙。我重重複複地看了多次，確切地體會到「身同感受」四字。與家寶相同，我也只是想用肉身的痛掩蓋內裏的空洞，用靠近死亡的方式感受生命的莊嚴，但從此這也成為了我不對，才有了今天仍在追夢路上的你，正如歌詞所說：

很感激 你那麼倔強 我才能變成今天這樣

我們繼續走下去 繼續往前進

看這條路讓我們走到哪裏

有說青春是一場大雨，這場大雨不但會讓人狼狽不堪，有時更會大得讓人看不清前路。那年，十四歲的你已被這場大雨沖洗過一次，所幸你依然能夠在這場滂沱大雨中看到自己的路向。我是佩服你的，佩服你的勇氣與堅毅。我在你這個年紀時，並不如你這般明確知道自己心中所想。往後的路仍然漫長，且充滿未知，路上或陽光明媚，或風雨如晦，但只要你堅持一步一腳印地走下去，相信你會走到你的目的地。

可告人的秘密。

時間可謂是治療心靈的藥，時間為我沖淡了一切，我忘記了許多的不快樂。媽媽看著我又瘦削了不少，刻意請假為我烹調豐盛的晚餐。看著媽媽的背影，心中很不是滋味。我為自己的行為感到內疚，我不願讓媽媽看到我繼續沉淪。即使家沒有一點味道，但媽媽讓我感受到家的溫暖。在那濕潤的眼眶中，我隱約看到我的目標、我的夢想。現實雖殘忍，但我仍可繼續追尋夢想，夢想可以有千千萬萬個，而總有一個可以實現。直至今天我仍小心翼翼地埋藏著這秘密，但不可否認的是，現在的我亦需對十四歲的我説一聲對不起，因我的愚昧而令十四歲那年過得如此不堪。

也許在成長路上，道路是凹凸不平的，而十四歲的我卻意外陷入「凹」的路上，但我堅

你說時間治療了你的傷痛，但我覺得是你在這場大雨中收穫豐厚，內心變得更加強大。你在家裏找不到溫暖，或許家裏有你不喜歡，甚或厭惡的人或事，但你沒有就此躲避這個家，仍然注視著這個家，然後找到媽媽的愛與關懷。此刻的你，也許依然對於家裏的某些人或某些事感厭惡，甚或憎恨，但假以時日，你的這份厭惡或憎恨，會變為理解與憐憫，只要你明白到每個人都有其局限，每個人都會囿於其成長的環境和見識，而成了當下的他。正如朱自清對於父親曾經也是充滿怨懟的，後來明白到父親的局限，寫道：「他少年出外謀生，獨力支持，做了許多大事。哪知老境卻如此頽唐！[……] 情鬱於中，自然要發之於外；家庭瑣屑便往往觸他之怒。」又如李廣田談及自己的父親時，如此寫道：「在當時，確是恨著

信在我走出這道路後，我便會遇到「凸」的路。這或許是我成長中的一場考驗，教導我要與壓力共存，不被吞噬，同時告誡我糊塗行為的後果，而這秘密也將成為我的回憶，伴隨著我成長。在未來的成長道路上，我不知道還會遇到多少的未知數，但我知道，成長便是要經歷變幻莫測的事、經歷喜怒哀樂，這樣我才會成長。

祝

身體健康！

學生

灤美上

九月十二日

父親的，現在卻是不然：反覺得他是可憫的。[……]而且，他生自土中，長自土中，從年少就用了他的污汗去灌溉那些砂土，想從那些砂土裏去取得一家老幼之所需，父親有著那樣的脾氣，也是無足怪的了。」世上大多的誤解或傷痕，都是源於彼此之間的不了解，雙親之間的隔膜尤甚。隨著你慢慢長大，你就會慢慢明白朱自清和李廣田的話語。雖然這並不能完全撫平已造成的傷痕和填平當年的缺失，但起碼不會添加更多的傷疤。逝者已矣，來者仍可追、可求。

執筆至此，與你分享最後一段的歌詞，願你能從中找到力量，走得更遠：

沒有地圖　人生只能憑著手上的夢想 Oh~
循著它的光　曲折轉彎找到有光的地方
Lalala Lalala Lalala　那年的夢想

Lalala Lalala Lalala 人要有夢想
勇敢的夢想 瘋狂的夢想
繼續走下去 繼續往前進
路旁有花 心中有歌 天上有星
我們要去的那裏 一定有最美麗的風景
Oh~都不要放棄 都別說灰心
不要辜負心裏那個乾淨的自己
痛到想哭的時候
就讓淚水洗掉委屈
我們要相信自己
永遠都相信
來到這個世界不是沒有意義
我們做過的事情
都會留在人心裏
會被回憶而珍惜
有一天 我將會老去

希望你會覺得滿意

我沒有 對不起那個 十五歲的自己

祝

追夢成功！

華方

十月一日

寫與不寫的思考

鄭詠之同學

許老師：

每逢九月，當我真正踏進新學年的課室時，對我而言不過是印證上學年人和事的結束，然後為未來準備一個好的開始。然而，這種時候腦海就會不禁浮現過去的往事，包括一些曾經認為不足掛齒的小事，例如在往年的學期初，班主任都會問學生有什麼目標，這簡單的一句話往往都間接帶來困擾。不過，今年的班主任終於沒有再提及這個問題，其中一個原因是同學都成長了，會更自覺。事實上大家都的確已經有自己的目標，並且努力地堅持著。

但我依然很迷惘。不論是目標，還是所謂

沒有猶豫的必要

許嘉樂老師

詠之同學：

感謝你寫了這一封信給我，讓我多一個途徑了解你。你的迷惘既然從寫作開始，就讓我用寫作跟你談談它的重要性，希望能解開你的困擾，令你成為堅持寫作的人。

文字是種奇妙的東西，內容完全一樣的情況下，我總認為文字總是比說話來得更動容一些。我慶幸你把心聲寫了出來，而不是用說話告訴了我。說話正如上課，老師說的話我們往往記得不多，但課文卻自自然然輸入到腦袋裏。你今年中三，你還記得中一級學過的課文嗎？小學教的課文呢？我雖然不敢肯定你把那的「夢想」。這種難以言喻的狀況使我表達得條理不清。恐懼以外，竟又慶幸自己有時間能為這些事煩惱。

還記得老師您在第一堂中文課上就讓同學們看圖寫作，又於課餘時間舉辦讀書會，在校外推廣文學，為同學製造閱讀機會。我與許多同學認識老師不足一年，但您那份「推廣閱讀」的精神，讓大家從您身上感受到對目標與夢想應有堅定不移的決心。

這一年間，有不少因您而受到文學薰陶的同學，他們都放了更多的心思在閱讀與寫作，可惜這股風氣好像無助我在寫作上繼續堅持。

我曾經對寫作幹勁十足，當時我唯一的興趣與依靠是寫下一篇又一篇的文章，但後來這份熱誠卻變得反覆無常。

有時候，我感到灰心，可能是因為別人無

些文字全都牢牢記住，但部分內容你總會有些印象吧？你這一封信，就像是寫給我的課文。許多年後，你說的話我或許都忘掉了九成，但我卻能靠重讀這一封信，通過文字的世界反覆進入你的心靈，正如我們都一同進入過不同作家的心靈一樣。文字如此奇妙，如此超越時間，你既然有志於寫作，繼續寫下去又有什麼好困擾的？反過來想，你認為不寫作的生命會比較脫困嗎？

你擔心自己對寫作無法持之以恆，擔心文字不再優美，又或者無法感動自己和別人。對於這些困擾，我可以直接回答你，這實在正常不過。我相信但凡愛寫作的人，先不論作品的深度如何，都必然會遇上你的困擾。寫作正如世上所有的興趣，沒有人的技巧能一步登天，再強的人都會遇上瓶頸，甚至想過放棄。既然法理解自己所寫的嘔心瀝血之作，或是因為媽媽認為我過度沉溺於寫作而對我再三的阻撓。我明白人無法可以完全互相理解。話雖如此，容易受到動搖的我在遇上這種情況時，難免受到影響。

不過，能夠成功勾起我的興趣是因為一件小事，就像有一次我在無意中發現您推薦的書，大部分都是我感興趣的類型。當然，我執筆的決心並不是一時衝動，而是由其他大小事積累而來的。只是，我總是在有了衝勁的時候就不如意地受到打擊，然後又再次無法持之以恆。

儘管如此，每次您總會在我最缺乏動力的時候舉辦「創作會」，迫使我在不情願中動筆，到最後我還是莫名地認真了起來，字裏行間的情感沒有受到「不情願」所污染。在那次創作

這是必然的道理，你就更應該堅持到底，不斷練習，不斷完善自己。既然有過興趣，自然說明了你有天份。如果你全無天份，你早就完全放棄；而如果你完全失去了那本心，你大可不必寫這封信給我。寫作又好，別的興趣又好，永遠走在路上，不用奢求有所謂的終點。你早就走上寫作的路了，與其糾纏於走路的因，倒不如多想路該怎樣走下去。明白這個道理，很多事情就會堅持得住。我比你大許多，我尚在路上，更何況是年輕的你？

你憂慮別人如何看待你的文字，我可以跟你說，用心寫作，文字就會忠於你自己，忠於你自己，知己才有途徑找上你。別人理不理解你，不輪到作者去決定，但你不寫作，就肯定等同在拒絕別人去理解你。我們都有一種求得知己的念頭，寫作雖然孤單，但它同時有可能

會動筆前，有同學因為被您説過「對自己誠實」的話而打動，我一直沒有勇氣面對自己，這封信大概已經稱得上是我最坦誠的文章。

在我這種反覆不定的態度和各方面都有著阻撓之下，我無法把寫作培養成習慣，寫作與我互相抗拒著，彼此都有自以為合理的藉口。

我的想法很矛盾。我希望能堅持，但又想放棄，我是享受過程的，但又會從中感受到不滿。最終能夠真正幫助自己解決問題的人就只有自己。或許此刻我是在為大家添麻煩，不過這些都是我渴望想寫下的。

很感謝許老師您看完這封信。這封信沒有條理，內容亦混亂，我不論如何反覆修改，結構上都是如此雜亂，實在深感抱歉。

大家都相信您會繼續堅持目標的，希望您這份精神會感染到更多好學生，並且讓「師生

成為孤單的出口。我感謝你還記得我說過寫作要「對自己誠實」，因為我認為這是寫作最重要的原則。我們舉辦「創作會」之前，你們先是讀了我的四篇文章，你還記得嗎？那四篇文章的原意根本與教學無關，我亦從來不打算用來讓別人了解我，我單純想記下一些生命中的苦痛，正如我所講，那是孤單的過程。結果呢？同學們在「創作會」後不但對我的了解深了，更鼓起真誠寫作的動力，這是意料之外的。所以，寫就為自己而寫，再嘔心瀝血的作品，都只需要向自己交代，那些意料之外的，就當成額外的獎賞好了。

至於你反覆不定的態度，你可以視之為成長的必經階段。我作為老師，就是要發揮教練的作用，助你在成長的路上持續探索自己。這方面你不必擔心，「讀書會」會擴闊你的眼界，

有情」創造更多「師生友情」。

祝

工作愉快！

學生

鄭詠之敬上

九月十日

「創作會」會測試你的功力，請你務必一如往昔繼續參與。你自願繼續閱讀和寫作，你的路便會漸漸平坦。那麼未來我種在你心的籽，你也會用你的文字傳播給別人，到時候你便會從迷惘中掙脫出來，明白寫作於人生的重要性。

祝

堅持到底！

許嘉樂

九月二十日

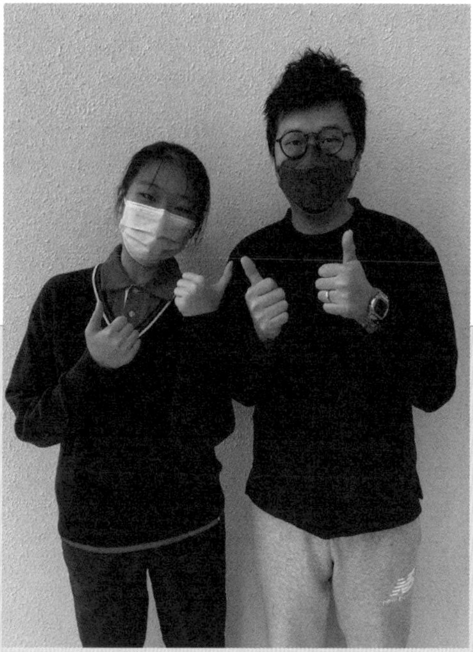

讓我成長的鼓勵

藍洛熙同學

敬愛的黃老師：

一年容易又開學，剛開學的您忙碌嗎？升上高中的我已經開始忙起來，不再像初中那樣吊兒郎當了。雖然仍未開始上課，但我已經預習課本，為高中三年做好準備。可是高中要重新適應新的老師和同學，令我感到困惑，亦很想念您任教的中文課，希望老師指點迷津。

當我收到撰寫此篇書信的邀請時，讓我喜出望外，想不到您會找我這個平日上課偷懶的學生，另外我亦開始擔心能否擔此重任，但既然您找了我，想必您也對我充滿信心吧！在此先感謝您一直以來的鼓勵和肯定。

永不熄滅的教學熱誠

黃志杰老師

洛熙同學：

時光荏苒，不知不覺你已升讀高中，教導你們的日子仿如昨天一樣，期盼你們能在不同的地方發光發亮。開學的工作不算太忙，早在你們放暑假時，我已準備教材及舉辦了課外活動，好讓同學能有所得益。

得知你已預習課文時，我甚是歡喜，想不到當初上課睡覺的學生竟變得如此用功，謹記不要懈怠，否則不進則退。人生總會遇上轉變，想當年我升讀大學時連一位同學都不認識，又未習慣以全英語上課，那時讀書十分辛苦。當時我覺得必須要作出改變，便開始主動認識朋回想初中的日子，雖然您只教了我一個學年，但您的鼓勵令我重拾讀書的信心。還記得您第一次進入課室時，我們都竊竊私語，質疑您這位年輕教師的教學能力，説一定會被我們欺負云云。現在回想這些往事，我也覺得很有趣，因為你用自身的專業令我們改觀，上課的氣氛總令人感到輕鬆，課餘時又會跟我們聊聊不同的課外知識，您大概是我們班內最受歡迎的老師了。這種亦師亦友的感覺讓我知道學習知識也可以很快樂，亦因為您的幫助，我進步了。

記得您第一次上課時，我本打算在課上「補眠」，但您見狀馬上叫醒我。那時我真的很生氣，更對您不瞅不睬，可是經過您日復一日的堅持，我終於決定認真上課。我想不到平日聽不懂的東西，從您口中説出來會變得簡單

友，更請教學長們艱深的學理知識，令我的大學生活漸漸變得精彩。若想適應新的學習環境，便要主動認識朋友、主動向老師請教，自然就能擁有美好的高中生活。

我每年都有不少需要教導或協助的學生，你算是我較為放心的一位，因為你總會在我提點後作出改變。雖然你初時經常伏於案頭，但你總會在我提醒後開始上課；當我提醒大家要盡力溫習時，你總在全班同學面前怪我麻煩，背後你又往往都會努力讀書，更會怕我知道你未有盡力。你的各種改變我都看在眼內，看著你的改變亦令我感到非常欣慰和滿足。

雖然你誇讚我是班內最受歡迎的老師，但我不敢當，因為每位老師都是全力付出的，只望你們快樂成長及學習，只望你們能實現夢想，在各行各業發揮所長。比我更努力的老師

易明，雖然還會遇到難題，但您總會耐心教導，悉心引導我回答問題。您記得《一個令我難忘的畫面》這篇文章嗎？本來我在寫作上並沒有什麼信心，但您當時向我說了一句意想不到的話：「你寫得不錯，令我很感動！」這句話頓時令我激動起來。我自小喜歡看小說，亦很喜歡寫作，每一篇文章均會用心創作，但我對自己的文筆及作品一直欠缺信心，從未想過會得到讚賞，而那是我第一次被老師稱讚，令在學業上一直沒有突破的我重新振作，開始更有自信。您總是毫不吝嗇地稱讚學生，那一年是我最認真讀書的一年，中文由不及格進步至及格，最後更拿到全班第一，讓我第一次因為成績進步而上台領獎。謝謝您的堅持，讓我找到學習的樂趣，讓我喜歡上學，甚至期待上學，不再是上課嗜睡的我。

大有人在，因此你們接受我的教誨已甚感安慰，不必太著意區分受歡迎與否。

我對你那篇《一個令我難忘的畫面》印象十分深刻，算是我短短的教學年資內最有感觸的文章。當時我對你的稱讚是由心而發，想不到能令你有如斯改變。看到你的改變更令我有所啟發，原來簡單的一句鼓勵，看似平凡，但對於學生可以影響深遠，甚至銘記於心，因此你亦教導了我不要對學生吝嗇讚美與鼓勵。另外，我現在才知道你喜歡小說。一直以為你只熱衷游泳，但原來你是一位動靜皆宜的好學生，無論你想成為精英運動員或是傑出作家，我都會全力支持你。

我中學的時候，對讀書毫無興趣，更對前途感到迷惘，幸好遇上不少良師。他們授課時從不沉悶，經常構思不同的活動，引導我學習，

除了學業，您亦會關心學生的心理狀況。每當我表現得失落或疲倦時，您總會前來慰問，當您知道我不在家中睡覺以便第二天早上訓練游泳時，您又會擔心我的安全。這些慰問看似平凡，但其實令我非常感動，亦令我知道老師並非教學而已，更會在學生需要幫助時伸出援手，而我亦因此努力讀書，不想辜負您對我的期望。

當我知道您不任教高中時，有點失落，但您可以放心，我一定會努力學習！不知道您在中學生涯中有遇到一位像您這樣努力付出的老師嗎？我並非擅於表達的人，有很多事情未能以紙筆言說，但我的進步就是您努力的成果，希望您能繼續幫助其他同學！

又不時了解我的興趣，安排不同的活動讓我嘗試，甚至當我顯得不耐煩時，他們會更耐心地教導我。他們的堅持漸漸令我萌生投身教育界的想法。我覺得教育意義重大，只要教導正確就能影響學生一生，可能我的教育觀念及堅持便是從他們身上學習得來吧。

縱使我沒有任教高中，但當你需要我幫助時，請隨時找我，我一定會盡我所能為你紓困解憂。在此亦感謝你讓我知道自己的付出沒有白費，正因為你的改變令我知道自己是一位「合格」的老師。就此擱筆，有空再找我閒聊吧。

祝

學業進步！

黃志杰
九月十日

祝

身體健康！

學生

洛熙敬上

九月二日

在辯論薰陶下茁壯成長

張翱軒同學

潘老師：

「贏，我陪你君臨天下；輸，我陪你東山再起。」兩年前（二〇一九年）的六月二十六日，您的社交媒體曾經上載過這樣一句話。如今時光飛逝，兩年前在伊利沙伯體育館的一番豪言壯語、那一股失落之情，至今又有誰會記起？兩年過去，當日滿腔熱血的辯員們亦相繼離隊，而我也踏上中學生涯的末章。

住的地方與您相近，偶爾會在同區看到您的身影。前陣子您說您開始跑步，跑長跑。忽地一想，其實中學生涯就是跑道一條，每個人都必須自己完成屬於自己的征途、每個人的點

在你想的目的地喊「有落」

潘俊傑老師

翱軒：

「喇沙利道有落！」

除了辯論，你我相處最多的，便是在小巴上往返學校的時光了吧。這趟小巴上，這句話大抵便是我們彼此相伴，大喊得最多的這一句話。曾言陪你東山再起，陪你君臨天下，最後卻只陪你走過了這一程。

然而，這一程車，你雖沒有看過巔峰之景，但沿途的風景，卻是你我最不應忘記的。

每天早晨，你我都在那個悶熱翳焗的小巴站候車。我們誰也沒料到今天這輛小巴何時會來，那天的人龍為何這麼長，後天的小巴為何

點滴滴都化為足印，烙印在赤紅的跑道上。感謝您，於我旅途的後半部選擇加入，充當著陪跑者、領導員；感謝您，不計較我拙口鈍腮，還招攬我加入中文辯論隊；感謝您，不辭勞苦，多番在閒餘之時協助我將勤補拙。

回顧於隊內和您並肩奮鬥的兩年，有喜有悲，有得有失，有險勝對手的喜悅，亦有惜敗的一份不忿、一份惋惜。常聽跑步的人說，跑步需要經驗積累：每一步、每一口氣，均是經驗。時間久了，經驗足夠了，跑姿和用氣融為一體，自然能跑得快、跑得遠。兩年過去，雖說不上能獨當一面，但爛船依舊有三斤釘，不辱師門，或許就已經足矣。與其相比，更為刻骨銘心的反而是一同度過的風雨：每次訓練中您的那股熱誠，對待每場比賽的那種投入，不僅使我愛上中文辯論，更使我學會凡事需盡力

不是載滿總站的乘客就駛出。辯論也是一樣，一開始，我們只知道對手是誰，比賽時間是何日，比賽地點在何處，卻不知道評判是誰、評判有何評分準則、這個論點會否得到評判青睞。我們只能夠做的，也許只是做足自己的準備，打一道無愧於心的主線，然後剩下的，卻只有等待了。人生不也是一樣嗎？有些目標我們總要追趕，但開展之初，我們總是不知就裏，剩下的也許只有耐心等待。要是今天趕不上小巴，明天我們要思考的卻是修正的方法，也許是早一點出門，也許是轉乘較為費時但卻較易預計的地鐵。每一次的等候，也給予我們一次反思的機會。今天趕不上，不要緊；明天趕得上，就行了。

有幸上到小巴，卻偏偏遇上了塞車。我們呆坐在車上，時而焦急萬分，時而感嘆哀嚎。

而為，不論結果如何亦無愧於心，即有遺憾卻不後悔。在跑道上烙印最深的腳印，乃是當日在星島決賽惜敗的畫面：無論是賽前不分晝夜的預備，比賽前寄予我們的信心，還是落敗後第一時間的安慰，均銘記於心。當時的我們忘我付出、傾盡全力，雖到最後未能問鼎寶座，但亦無悔而回。比賽前夕，您甘願放棄私人時間，留校陪我們至晚上十時，更主動送我歸家。連番看似微小的舉動，均能看出您的認真，以及對我們的關懷。記得為辯論翻資料時讀過的一句話：「赤道，那熾熱的溫度，好比我對待跑步的熱情如火。」正是您那熾熱的熱誠溫暖了我；不僅給予了我接觸辯論的機會，更是用夢想的火炬點燃了我，使我能如「神奇小子」蘇樺偉一樣在自己的赤道上奔馳，綻放光芒。

辯論，驟眼看彷彿與跑步大相徑庭，但

有時候，作為乘客，坐在小巴上，你我不能控制軚盤，也不能控制行駛的路線，但我們卻可以控制自己的觀點與角度。這些景象，又與我們準備辯論比賽的情景相似。說來碰巧，在準備過程中，遇上令人懊惱的反駁、資料，我們費煞思量，絞盡腦汁，花盡數天也得不出個所以然來。不過，在辯論隊的數年裏，我們不是學會了避重就輕、不是學會了換個角度嗎？也許結局還是要遲到了，但我們卻看過不一樣的風景。試想想，那些沿途與你看過一幀又一幀的風景，那個路人的衣著何其奇特；跟你談過一個又一個八卦的是非，你的中文老師說笑話卻只有她一人在笑；與你商討過的一道又一道辯題，檢討過一個又一個的不足，都成了你我不能磨滅的回憶。這些快樂的回憶，相比勝負，難道不重要嗎？或許結果未如理想，但我們卻

細嚼後卻發現兩者其實並無太大分別。老師您喜歡跑步，一圈一圈的跑，每一圈用氣會因著體力而調節，有所不同；然而，每一圈就依舊是跑在那赤紅色的跑道上，途經的事物風景千篇一律。辯論呢？每一場比賽均是事前尋找資料、擬定主線、預備駁論，然後就蓄勢待發與對方「廝殺」。然而，每一場比賽的內容，乃至列出的戰術和陣容，都會因著比賽的性質和對手的特質進行調配；所以說每一場辯論都是一樣的，卻又是獨一無二的。每一場比賽積累到的經驗，都成為一個又一個的足印，積少成多，走出萬里路。伴隨而至的成長，不只是上述學習了凡事傾盡所有，更多了一份追求真相的渴望。在充斥著謊言歪理的時代，要成為亂流中的清泉，靠的就正是對於真相的執著，以及捍衛真相的勇氣和能力。回望過去，哥白尼

總能笑著下車。

如果你依然覺得目標不追不可，但路程中還是塞車，不能只換個角度的話，你也要趕緊喊「有落」，然後用自己的雙腿走完那未竟之路。你早在辯論中經歷過了，不是嗎？本來想用論點甲擊挎對手，但想了數天，還是未能推導得出想要的結論。然而，你我都知道，再繼續鑽牛角尖也無濟於事。該放棄的時候，也該放棄。轉用其他論點，不也是可以嗎？目的地雖然一樣，但前往的方法卻有許多。適當的取捨，是你今後人生的關鍵。提早落車，然後自己走下去，才不會錯過，才不會趕不上。

然而，不論你有任何決定，都不要後悔。唐君毅老師曾於其作《人生之體驗》云：「人生之體驗在心」，惟有靠自己的自由意志走過的每一段路，作出的每一個決定，那才是你的

捍衛日心説與當代教廷辯論，最終締造現代天文學基石，不就正彰顯了辯論的重要性嗎？老師您自己也經常提點我們，不能捏造任何數據，即便有著其他隊伍這樣做也不能同流合污，因為我們要在事實的根基上越辯越明。追尋真相，不招搖撞騙，這便是辯論的真諦。

當然，作為中學生參加辯論比賽，主要還是希望贏得比賽。初進隊頭一年，在人生路不熟的情況下便能踏上決賽台板，老師實在功不可沒。然而，人無千日好、花無百日紅，最終未能奪冠而回實在是一大遺憾。但回望過程，當年準備每一場比賽的團隊上下一心，大家相處融洽，亦是人生的一大樂事。常言道失敗乃成功之母，我常在您面前説這話大而無用，如今的我卻漸漸開始領略到從失敗中成長的滋味。因為失敗，所以成功更得來不易、更顯珍

人生。再過二百天，陪你東山再起的人，也許不會再是我了；陪你君臨天下，亦也許不再是我了；但陪你走過了這一程，願你記得是我。

「喇沙利道有落！」

大概二百天過後，喊這句話的，就只剩下我一人了，而你已坐上別的小巴，轉搭前往其他地方的交通工具了。

願君能在你想的，也是理想的地方，喊「有落」。

祝

前程錦繡！

潘俊傑

九月三十日

貴；因為失敗，所以您能從錯誤中學習，吸收經驗，他日東山再起。辯論，遠遠不只是課外活動，更是人生的哲理、活靈活現的教科書。

歸根究底，亦是有賴老師當年招攬一舉，使我能有接觸辯論的機會。縱使現在已踏入中學末年，但老師的協助、熱心、教誨仍然歷歷在目，想必定然一生銘記。人生的跑道上，有幸能與老師同行；雖然不知今年以後大家去向如何，但倘若他朝有幸於社會嶄露頭角，定必誠邀老師伴吾君臨天下。

祝

一帆風順！

學生

翺軒上

九月十八日

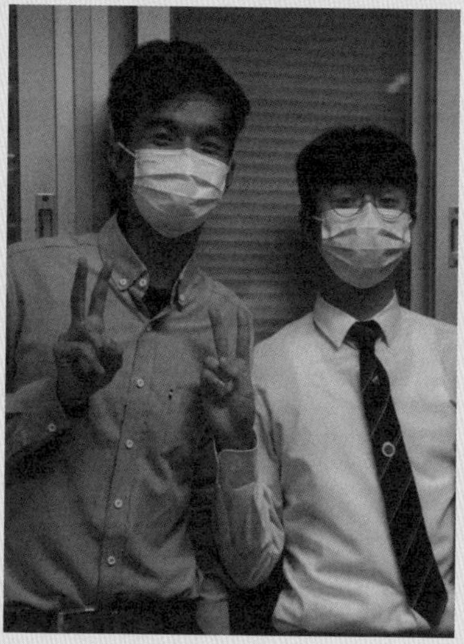

將各散東西的我們

莊穎禧同學

敬愛的張老師：

年復一年，正式成為中六學生的我，看見校園已找不到鳳凰木，總感覺像每年不斷從校園離去的老師和同學，有一種複雜的違和感。我身邊的朋友，有的在文憑試後選擇去英國、韓國讀書，有的是為了追夢。「人生不如意事十有八九，可與人言者並無二三。」朋友、親人離別，最落魄、潦倒的樣子絕對不想讓家人看見，既怕家人不理解，更怕令他們擔心，傾訴的對象往往只有幾個深交。面對他們的離去，真的感到很無力，就如同雙手掬水，難以挽留。我想高中這幾年是讓我對「過客」認知

聚散中見證成長

張麗煌老師

穎禧：

很高興收到你的來信，感謝你對我的信任。今晚閱畢你的書信後，發現你在字裏行間流露對離別及成長的淡淡哀愁，不禁觸動我久違的情愫，腦海中不期然地浮現近日送別家人及朋友的場面。

白馬過隙，曾幾何時，你也是由一個怯怯懦懦，拖著媽媽的手踏進校園的女孩，轉眼已成為獨當一面又成熟穩重的大師姐。面對即將要告別的校園，那種忐忑不安，對未來茫然不知，想必百般滋味在心頭。其實，離別每天也在人生的舞台上演著，你不必害怕，也無需驚

最深的幾年，想必老師您也有同樣的想法吧！

磕磕碰碰的在中學打滾，所經歷的每一年都錘煉了如今穩重的我。升到高中後，最讓我感到親切的老師就是張老師您了，您不擺架子、很直率，又總是會分享一些您所經歷的生活點滴，像您的兒子、朋友等等，讓我們在課堂上精神為之一振，耳朵也豎起來，您常常說：「上課也不見你們這麼精神！」我就會在口罩下微微的笑著。畢竟師生有別，總會有無形的隔閡，很少遇到像您這般健談又願意分享自己生活大小事的老師。您身兼班主任、中文老師兩職，自然很關心班裏同學的學習表現，您常常會私下問學生學習上有沒有難處，給予建議，另一方面又會給予額外的練習，提升我們的中文成績，是一位認真且負責的老師。我的中文成績亦有所進步。看著您，讓我明白到

惶，這畢竟是人生必經之路。相反，每一次的離別也是人生的歷練，也會令人成長，每一次的經歷成就今天穩重的你。不是嗎？試回想當你在小學離開校園總會經歷不捨及不安。與此同時，你心中也會對未來充滿期盼，憧憬著新的校園，期待新認識的朋友和老師能和你渡過青蔥歲月，更渴望追求新的知識。離別也是人生另一個階段的開始，我們也在期盼和迷惘中不知不覺地成長，不知不覺地豐富了自己的人生經歷。你在信中提及如今踏進校園再也看不見鳳凰木，但其精神卻長存在我們每人心中，難道鳳凰木不曾留下歷代師生、生生相聚的痕跡嗎？

此外，你在信中也提及「人生不如意事十常八九，世事豈能盡如人意！」我們的確沒法改變客觀的環境，但可以改變自己的心態，尤

亦師亦友的真諦。不知道我在將來還會不會遇到這樣好的老師呢？

作為應屆文憑試考生，我每天也珍惜和同學相處的時刻，早上和放學都約在一起，現在又會與幾位同學一起線上學習。可是每當我在學校遇見以往同班、關係很要好的同學時，總有一層濃霧翳著我的心。我們雖然面對面，在咫尺之間，但心裏的距離則彷佛隔著一面高牆，相對無言，泛起一種怪異的尷尬感。這讓我感覺在不久以後，我面前的一切都會變了樣。我那長大的姐姐也有意無意提到她要搬出去住。在我踽踽獨行時，我會想，一切將隨時間改變，身邊的人亦不會長駐在同一個地方。因為曾擁有、失去，才會懂得恐懼，更不捨得放下現有的一切。其實回想，不單止是我看著身邊人的背影，他們同樣看著我的背影，彼此

其是近年疫情肆虐，確實令大家都活在惶恐之中，但只要我們能改變角度去思考，改變心態去適應，學會積極面對疫情，學會逆境自強，學會珍惜擁有，逆境總會過去。不是嗎？疫情前大家認為回校上課是理所當然的事，但現在能回校實體上課卻不是必然的事。當你們重返校園，見到久違的同學、老師，彼此的內心也藏不住激動及喜悅，課室也充滿此起彼落的歡笑聲、喧鬧聲。禍福相依，只要我們凡事學會正向面對，相信一切也能迎刃而解。

中六的日子轉眼即逝，你可以善用光陰，積極與同學並肩作戰，努力實踐所想，迎接人生新的一頁；你也可以渾渾噩噩地渡過。視乎你的選擇，對嗎？面對不穩定的疫情，視像教學似乎是無可避免的，而這種教學模式令你成為真正自主學習的主人翁，充分考驗大家的自

默不作聲的失落著。

每人總要闖出自己的一片天空，畢竟人生只有一次，我們是為自己而活。為了夢想，大家都在前進中，我們都養精蓄鋭，準備要打一場硬仗，更要是一場勝仗。我的戰友們都各有不同的夢想，有的想要在藝術裏沾染滿身顏料；有的想要在演員前打著燈光，拿著攝影機；有的想要做教師，春風化雨。人各有志，選的路各有不同，我亦不例外。看著他們前進的背影，我也要提起精神，努力準備邁向春風化雨的目標。

大家終究會各散東西。我想，放下執著、珍惜現在才是最好的吧，如老師您所説：「珍惜擁有，活在當下。」這句話一直讓我銘記於心。現在我學懂了要好好享受媽媽做的菜、感謝姐姐為我切的水果、寬容地向身邊的人展露

律及意志。時間掌握在你手中，你要有怎樣的收穫，便要怎樣耕耘。人生猶如釣魚，一竿在手，希望無窮。正如李慧詩所言：「每人比賽也想獲得金牌，但比賽就是這樣，未必盡如人意，最重要是過程盡力，令自己人生無悔。」

你在信中提及身邊的人都不停在追夢，不少同學也各奔前程，欣喜得悉你的人生目標是成為老師，願你能竭盡所能，實踐心中所想，春風化雨，成為以生命影響生命的良師。你的志趣令我不禁想起我的恩師，中一的班主任，高中的中史老師，她是我生命中的明燈。猶記起當年老師腹大便便，仍不辭勞苦地用汗水澆溉一屆又一屆的學生，也播下我成為老師的種子。即使我離開母校已三十多年，但我們每年也會相約閒話家常。只要大家心繫對方，時間、空間並不能阻隔這份珍貴的師生情。願你他日

笑容，因我知道這一切都不是必然的，更不是永遠的。就像我們校園常飄著的木棉花棉絮般，用它的花語，默默的提醒著我：「珍惜身邊的人和事，給他們快樂和幸福，不要等到失去後才後悔。」希望在不久的將來，我可以繼續和老師您促膝長談。

祝

身體健康！

學生
穎禧啟
八月二十八日

也能薪火相傳，將來勤勤懇懇育桃李，敬敬業業做園丁。

穎禧，有時相聚也是離別的序曲。人生沒有不散的筵席，但我們可以在聚散中學會茁壯地成長。我非常認同你所述，每人只能活一次，這正如一趟單程的火車旅程，車上人來人往，有人上車，也有人必會下車。他們或許是我們的父母、兄弟姊妹、朋友、師生，甚至是擦身而過的人或者是敵人，上車的人都是我們生命中的過客。當中沒有一個可以陪伴我們終老，除了自己。離合讓我們都能珍惜生命中相遇相知的人。或許當他們要走向自己的目的地時，我們要面對分離，即使不捨，也不要難過。相反，我們要心存感激，感恩曾經相遇。試問沒有別離，怎能構成人生呢？車輪不會停止轉動，生命的列車也必須繼續往前行，這是一次

未知的單程旅途，回不去了，只有一直向前行。因為能到達終點的最終只有你自己一人。

希望我的信能夠解答你對成長及離別的疑惑，最後贈你蘇軾《臨江仙．送錢穆父》：「人生如逆旅，我亦是行人。」我們也是天地間的過客，願大家也能坦然面對人生的聚散，共勉之。

祝

學業進步！

張麗煌

九月一日

父命未免難違

元雪明同學

親愛的鄧老師：

您近況如何？由於要應付中學文憑考試，已經有三四個月沒有向您問好，請您原諒。現在學校要求我們填寫入讀「八大資助院校」的申請表格，我們須要根據自己意願選擇心儀大學課程，然後按優先次序列出。這件事使我心煩慮亂，不知所從。您知道我自小便喜歡繪畫，無論是素描、國畫、油畫、水彩畫或是水粉畫，我全都喜歡。打從小學五年級開始，我便屢次獲得校內或校際繪畫比賽冠軍或一等獎，現在學校圍牆上的壁畫，就是去年我帶領十多位同學繪畫而成的。有朝一日成為聞名於世的畫家

父命未必難為

鄧昭祺老師

雪明同學：

很高興收到你的來信，你的書法愈來愈秀逸、愈來愈耐看。我現在還是白天處理校內各種與學術有關的事務，晚上欣賞古代作家的著作。

每個希望繼續升學的高中生都要面對的問題，就是選擇修讀哪個專上課程。我多年前為了解決同樣問題，飽受煎熬，下面讓我和你分享這段不尋常的經歷，供你參考。

我生長在一個小康之家，共有六兄弟姊妹。家父自幼孱弱多病，爺爺曾經把他的時辰八字帶到廣州，請一位名叫道將行的著名命理

一直是我的夢想。我十分渴望報讀中文大學的藝術系，以便跟從水墨大師王無邪教授學習，但是爸爸卻希望我報讀香港大學的護理系。他認為護士是高尚行業，在世界任何地方都甚為吃香，註冊護士尋找理想工作並不困難，而且待遇很不錯。他說藝術系畢業生不一定能找到合適的工作，至於我想成為國際知名畫家，他覺得不切實際，所以希望我腳踏實地，報讀護理系，將來做個稱職護士，除了可以幫助一般病人外，還可以幫助我那位不良於行的哥哥。

老師，我想您還記得，哥哥兩年前因為脊髓受損而導致截癱，無法行走，要以輪椅代步，平日起居飲食都由我照顧。我雖然沒有護理學知識，但過去兩年，哥哥在我照料下，身體狀況日漸進步，這就足以證明，其實我不須要花五年時間修讀護士課程也可以好好照顧哥

師為他算命，結果命理師算到父親某一歲數時，不肯再說下去，只是請爺爺叮囑父親日後要多行善積福。父親長大後，篤信佛教，從不做虧心事，從不佔小便宜，事事嚴以律己，處處寬以待人。他深信美國作家哈伯德所說的「幫助自己的唯一方法就是去幫助別人」，而他認為最能夠幫助別人的職業莫過於行醫，所以渴望鄧家每代都有成員懸壺濟世。家父那代人年輕時，國內局勢動盪，戰亂頻仍，他們為了躲避戰禍，連年東逃西竄，無暇完成大學課程，更遑論成為醫生。一九四九年我們舉家移居香港，生活稍為安定後，父親便請求妻子自修中醫學。家母不負所託，千方百計搜求本港著名中醫師的處方，詳細研究，此後一家大小不幸患病時，都是由家母從這幾十張處方中選出最合適的一張，然後到藥材舖配藥給我們服用。

哥。況且，我上星期六晚在電台的升學指南節目裏，聽到升學顧問説，中學畢業生選擇大學課程時，最重要是以自己的興趣為依據，千萬不要計較將來工資的高低，否則可能會事倍功半，成績欠佳，甚至無法完成學業。

老師，我不知道怎樣解決這個難題，我實在很需要您的幫助，希望您能夠在百忙中抽空為我指點迷津。萬分期待您早日回覆。

敬祝

身體健康！

您的學生

元雪明謹上

十一月十二日

到了我們兄弟姊妹一代，父親也要求其中最少有一人當醫師。我在六兄弟姊妹中排行最末，本來奉父命當醫師的機會不大，可是五位兄姊或者沒有興趣唸醫科，或者雖有興趣卻無法考進醫學院，完成父親心願的重擔最後落在我身上。我在本港出名中學唸書，成績頗佳，自問有能力考進醫學院，但是我的興趣並不在醫科。我從小就喜歡數學，每天完成家課後，便興致勃勃地去計算課堂以外的數學題，偶爾為了解決一道難題，端坐在椅子上數小時，直至問題迎刃而解才肯離座。每次破解數學難題後，我都會沉醉在狂喜之中，心情久久不能平復。因為數學科成績一直名列前茅，我在班中贏得「數王」諢號。當時香港學制是五年中學，中五會考成績好的學生可以升讀中六、中七兩年「大學預科班」。母校有兩個理科預科班，

「甲班」修讀物理、化學和生物三科，課程是為學生投考港大醫學院而設，「乙班」修讀物理、化學、純粹數學和應用數學四科，課程是為學生投考大學的理工學院而設。我在中學會考所報考的九科，成績非優即良，其中數學科考獲優等，由於成績不錯，學校容許我自由選擇入讀哪個預科班。

我志願成為數學家，當然想進入乙班，但所有其他家人，尤其是父親，都希望我進入甲班。經過幾天激烈的家庭辯論後，我最終還是咬緊牙關、硬著心腸，選擇進入乙班。打從這時開始，家中氣氛忽然劇變。以前每天吃早飯時，六兄弟姊妹都會向父母請安，而父母總是親切地回應，並囑咐我們在路上要小心。但是中六開課首天，家中早上互相問好聊天的情況突然消失；平時晚飯後家人鬧哄哄地圍在一起看電視的大廳，這晚顯得冷清清。我當然知道造成這個尷尬局面的「罪魁禍首」是誰。當晚我躺在床上，反覆思考究竟自己選擇修讀數學，是否忤逆不孝，犯了彌天大錯？我絞盡腦汁想了整晚也找不到答案。因為持續徹夜失眠，我白天極為睏倦，無法集中精神上課，迷迷糊糊只覺得老師不停在黑板上，很努力地把一些數字和數學符號從左至右堆砌起來。家中相顧無言的難堪僵局，校內惝恍迷離的學習窘境，足足維持了漫長的一個星期。到了第八天，物理學老師講授愛因斯坦的「質能守恆定律」時，指出他除了是位偉大物理學家外，還是位卓越思想家，給我們留下許多耐人尋味的名言雋語。老師隨手在黑板上寫下幾條愛因斯坦語錄，其中一條令我渾身打了個劇烈的寒顫。我就像個半睡半醒的人，呆立在廬山麓，猛不防被「直下三千尺」的寒冷「飛流」，從頭頂直澆下來，神志頓時清醒。這條語錄說："Only a life lived for others is a life worthwhile"（「只有為別人而活，人生才有價值」）。我當下恍然大悟，一下子明白了家父的良苦用心。只要我肯犧牲小我，選擇唸醫科，那麼所有家人都會很開心，一家八口又可再次同享心無芥蒂的天倫之樂；而且我將來成為醫生後，可以照顧千千萬萬亟需幫助的病人，為他們解除病痛。這樣的人生肯定是極有價值的！想到這裏，我豁然開朗，折磨著我幾個星期的慘烈內心交戰，一瞬間偃旗息鼓。下課後，我馬上跑到教員室懇求班主任幫忙，讓我從乙班轉到甲班，幾經周折，最後承蒙校長厚愛，破例批准。自此之後，我與家人之間的隔閡渙然冰釋，和洽愉快的氣氛重臨家園。兩年後我順利考上香港大學醫學院，畢業後完成了父親心願，成為一個用心診治病人的醫生。至於我進入醫學院不久，對中國文學產生濃厚興趣，多年後棄醫從文，轉到香港大學教授中文的過程，你清楚知道，這裏不再贅述。

你現在面對的情況，與我多年前的經歷頗相似。你說在電台的升學指南節目中，聽到升學顧問說，中學生選擇大學課程時，最重要是以自己興趣為依據。我認為興趣固然重要，但是學科學習能力應該更為重要。試想想，一個對醫科很有興趣但記憶力極差的人，大概不宜在醫學院學習。學生在大學修讀自己最感興趣而又有足夠能力應付的專業，當然很好，但這並非金科玉律。有時自己興趣並非在所修讀的專業，也不一定是壞事。學生根據自己能力而不是興趣去選擇大學專業，同時利用餘暇發展自己興趣，未嘗不是美事。許多當代有名的中國作家都不是中文系畢業生，例如《棋王》作者張系國和《劍河倒影》作者陳之藩，都是電機系畢業生，武俠小說泰斗金庸是上海東吳大學法學院畢業生。由此可見，學生在大學唸哪個專業，都有機會成為出色作家。同樣道理，你在大學唸哪個專業，都有機會成為出色畫家。你的生物、化學等理科成績一向很優秀，我肯定你有足夠能力應付護理學院課程。假如你修讀這個課程，可以利用課餘時間深造繪畫藝術，這樣既可滿足父親的要求，又可兼顧自己的興趣。來信說你現在把哥哥照料得很妥當，但是你有沒有想過，如果他不幸患病，例如因久坐而生了褥瘡，你懂得怎樣輔助醫生為他治理嗎？你修讀藝術系課程，或者令你更有把握成為出色畫家，但卻無法成為註冊護士，

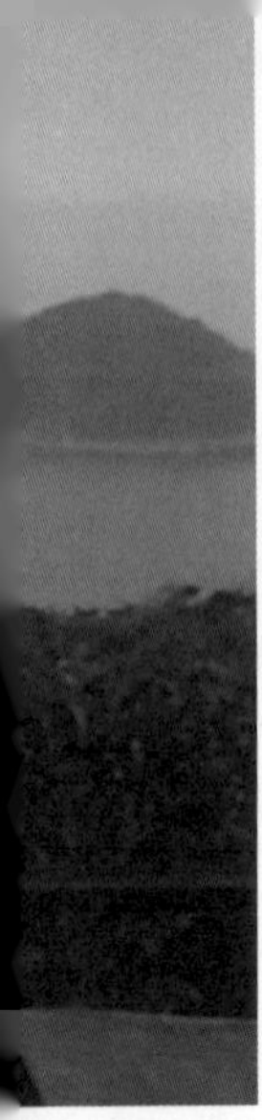

無法給哥哥專業護理。你素來心地善良，光看你兩年前收養了四隻流浪狗，獨力悉心照顧至今，就知道你有菩薩心腸，最適合做一位把健康和快樂無怨無悔地奉獻給病人的好護士。不過，請不要誤會，我無意貶損藝術系的價值。中文大學藝術系蜚聲國際，是培育藝術專業人才的重鎮，課程包括藝術創作、藝術評論、藝術教育、藝術行政、藝術史研究等，甚為全面。但是如果你只想提升繪畫技巧，這個課程恐怕不是最佳選擇。

雪明，上述建議只是一己之見，難免偏頗，不一定要依從，選科之事，還是請你自己再細心考慮吧。

誠心祝願你能早日作出明智選擇。

昭祺

十一月十六日

追光者

張彩靜同學

敬愛的許老師：

您好！

冬意濃，春將來，甚至夏日畢業季也像即將到來，不知不覺與您相遇已有段時日。感恩遇見您，因為您讓我的人生多了點光。您是我在學習過程中的源泉，滋潤著我；您是我成長過程中的肥料，孕育著我；您也是我在迷茫時候的燈塔，牽引著我。

燦爛的陽光穿過樹枝的空隙，一縷縷的灑滿校園。上課時，我懵懵懂懂地聽著您講解口頭匯報的題目，不禁心裏發怵：我從未做過簡報，也未曾試過口頭匯報，一定很難，得分一

給親愛的你

許華腴老師

親愛的彩靜：

嗨，請允許我用「親愛的」來稱呼你，每次看到你，我就像看到了陽光穿透樹葉的縫隙，像金色的光影在輕盈的樹葉上跳躍。新鮮，稚嫩，有著飽滿的生命力，同時也是迷茫的，未知的和焦慮的。看到你，我就看到了自己的青春，近在咫尺，又恍若天涯。

造化弄人，由主播成為老師，惶恐之餘，唯不敢以「傳道授業解惑」者自居。道未明，業未精，惑依存，如何安然解惑？某日，忽然醍醐灌頂。是的，正因為我的生命依舊困惑，依舊無法承受生命之輕，但仍奮力上下求索，

定很低。還記得第一次做簡報，第一次匯報的時候嗎？您當時不僅教導我們如何完成一個精彩的匯報，還教導我們如何製作一個精美的簡報去吸引觀看者的眼球，並且和我們分享您以前做主播的經驗。您的教學鮮明生動，我瞬間豁然開朗，終於，靦腆害羞的我可以自信地在全班同學面前完成一段流暢精彩的匯報，那種感覺非常酣暢淋漓。

如果說您是海上的煙火，我是浪花的泡沫，那麼在某一刻您照亮了我。一直以來英文是我的弱項，學習英文讓我很容易氣餒，無法堅持下去。為了提升我的英文水平，我每天都計劃背英文單詞。可是堅持每天做這件事實在是太難了。我強迫自己背誦英文生字，但我的英文水平還是無法提升。某次和您閒聊，您說您每天都堅持跑步，由一開始的兩公里到現在

這樣的不完美，成全了我們的互動，我們成為彼此照亮的光，成為「追光路上的同行者」。

青春懵懂時，我像你一樣自卑、膽怯，甚至憤世嫉俗。但一路走來，我不斷蛻變，皆因我的背後有默默支持鼓勵我的學長、恩師，是他們造就了今天的我。因此，開學第一節課，我把講台讓給了你們。是啊，每個人都需要一個舞台，特別是稚嫩的你們，而我，則希望是追光路上的引領者，不，是同伴。打磨鑽石，讓你們發現自己的寶藏，在舞台上熠熠生輝！

青春，有很多課題。關於朋友，關於愛情，關於孤獨，關於自己和世界。在此，我想借用《小王子》裏的幾段話，和你一起解讀青春的夢。

的七公里，都是一步一步堅持才實現的。這對我產生很大觸動。想想自己，不禁有些感慨：「如果是我，我一定做不到。」我聲未落，您便嚴肅地告訴我，做事貴在堅持。您鼓勵我，讓我不要總覺得自己不行，要嘗試去做。這些話我銘記在心，我照著您的方法去背英文單詞，學習英文。一開始背二十個，後來二十五個，三十個慢慢一點一點添加，終於，下一個學期的英文成績有所提升了。能遇到您，我非常感恩；因為您的鼓勵，您的教導，讓我在成長過程中明白了堅持的價值和意義。

如果說您是海上的燈塔，我是迷茫的帆船，那麼，您肯定在某一刻引領了我。當我懊惱且迷茫於自己是否能上大學時，您分享師兄師姐考上大學的案例，並且熱心地介紹給我認識，讓我有類似的資料做參考，並且讓我在迷

與孤獨共舞

《小王子》裏的蛇說：「我們在沙漠裏頭感到孤單。我們在人群裏也同樣感到孤單。」是的，孤獨是自我和世界互動的產物。成長的過程中，我們渴望獲世界了解，渴望世界對我們的認同，又因為世界的不認同而產生孤獨感。也許，孤獨是人生的終極課題。伴隨孤獨而來的，有壓力，有焦慮，甚至自我否定。親愛的彩靜，你不是「渺小的」，也不需要「脆弱而自卑」。解除孤獨的方法，是學習面對，放下你因感到孤獨而對自己的攻擊與否定，告訴自己：「並不是因為你是個不好的人所以你孤獨，而是每個人都有自己的孤獨要面對。」在漫長的人生旅途中，孤獨有助於我們認識自己，認識自己才可以解除孤獨、壓力和自卑。

首先，告訴自己，你是這個世界上最獨

一無二不可複製的存在，就像小王子的玫瑰一樣，因此，在和世界互動的過程中要時時詢問自己，我是怎樣的人？這個人可能不完美，不優秀，但重要的是你了解她／他，不要以世界的標準衡量她／他，要珍惜這個獨特的你。其次，要建立內在自我激勵的機制。成長的過程總是要付出代價，我們總是跌跌撞撞的奔向人生，難免會挫折受傷，這個過程誰都無法幫你，只有你自己能為自己療傷，能把自己扶起來。凡不能打到你的，必將令你更強大。相信我，這才是受益終身，最終解除孤獨的方法。

與自己和解

小王子對飛行員說：「當你在夜晚抬頭看著星空，因為我住在其中一顆星球上，因為我在那顆星球上對著你笑，對你而言，就像整個芒的路上，有了明確的方向。感恩有您，每次與您相見，總能看到您身上的光芒，引領著我走向前方的路。

我多麼渺小！因為您，我有夢可做；因為您，我的夢是如此清晰；因為您，我的夢也將會慢慢地實現。您是我追光路上的同伴，您不僅僅賦予我知識，更為我指明光的方向。

祝

身體健康！

學生

彩靜敬上

十二月五日

星空都為你而笑一樣，你擁有了為你而笑的整片星空。」浩瀚宇宙，總有一個你笑著的理由，為了尋找，我們有了出發的動力，我們深信自己在世上不僅只是獨活，我們的存在有某種相遇的必然，而人生，就是在不斷的尋找之間發現意義。這種意義不是世界的定義，莊子說，「夏蟲不可以語冰」，夏蟲未曾經歷過冰雪的洗禮，哪有權力爭辯冰雪是否澎湃？是的，正因為你是特別的你，所以不需要外界對你的肯定，也不需要別人看出你的努力。我親愛的玫瑰們，你們要做的，就是找到屬於你們自己存在的意義，這個意義，只能由你自己來定義。

成為美好的存在

「真正重要的東西用眼睛是看不見的，得用心去感受。」小王子想起了狐狸這麼說，於是把這句話告訴了飛行員。星空是很美的，因為有一朵人們看不見的花；沙漠是很美的，因為有說不出的東西微微閃著光芒。人生大概比我們想像的還簡單許多，閉上眼睛用心去尋覓你笑著的理由，去走長長的路，去愛，去受傷，去痛，去迷惘，你也會是別人人生裏閃著光的美好存在。

這個世界有時不大友好，若是發光的同時還能為他人照亮道路，也不失為來到人間的最好獎賞。我們都是迷途的星星，卻依然試著把黑暗點亮。是的，我的玫瑰們，成長的路上，你會漸漸明白，原來不存在需要追趕的光，那束光，就是你自己。

許華腴

十二月二十日

循道家書

李兆基老師

敬告楢社諸生：

驪歌一奏，六年的歷練宣告圓滿結束。到底這段時光可以為你們的未來帶來什麼？是快樂？抑或是富庶的物質生活？我無法為你們的未來提供客觀證明。然而，我主觀相信，這段歷練是最有力的教誨——因為你們可在成長中面對一次又一次的重大抉擇，而這一切都賦予你們更了解自己的力量。

坦白説，「獨學而無友，則孤陋而寡聞」、「嚴以律己，寬以待人」、「己所不欲，勿施於人」……這些老掉牙的大道理，我不敢保證有哪一句可讓你們記上一輩子。但，我肯定記

循道家書

楢社畢業生

敬愛的唐老師：

感謝您在辭別之際仍然語重心長地為我們獻上這一份沉甸甸的家書。談及這六年的荏苒光陰，請容許我感激涕零地傾訴，正正是您含辛茹苦的栽培，才讓我們收獲了無數勝於有形之物的無形瑰寶。它們宛若那熟悉的山坡上的棉絮，承載著滿懷您諄諄教誨的種子，相逢之時在我們周遭翩然飛舞，臨行時則在我們心田的一方落地生根，給我們未來的人生旅途賦予無窮意義。

我們在不諳世事的時候便被告知這個世界的種種大道理。那些道理雖然耳熟能詳，但

得，你們是怎樣毫無保留，把自己藏在情感禁區的陽光與陰影，一一傾瀉。

那一次在操場，你向我訴說：要追求看似不切實際的夢想，要體驗旁人認為沒有意義的生活！

那一次在走廊，你向我埋怨：讀書無用。因為只是一場爭做第一，不要做最後的惡作劇！

那一次在課室，你向我控訴：世界就是我的敵人，因為它對我有偏見！

那一次在禮堂，你向我起誓：要掙脫傳統的包袱，為世界帶來創新的意念！

同學，就讓我當一回你的知己，跟你分享——

這個世界或許滿載著欲把人填滿的所謂價值，但我希望你們可以是一個沒有固定形狀的瓶子。

真正在我們的腦海中留下痕跡的只是一個個生澀的字句。在那個時候，我們遇到您——您不愛說大道理，卻憑藉言傳身教，潛移默化地使那些空泛的文字蛻變成刻骨銘心的真理。記得您常常和我們分享您與其他老師交流六藝經傳後，對於典籍的思考往往能昇華到另一境界，亦總能讓我們深切體悟到「獨學而無友，則孤陋而寡聞」。當您察覺到我們對在似火驕陽下賣旗的義工們視若無睹時，您絞盡腦汁地鼓勵我們參與賣旗，讓我們設身處地領會那滿懷善意地付出卻被置若罔聞的滋味，從而明白「己所不欲，勿施於人」的真諦。這件事，至今仍歷歷在目。依然記憶猶新的還有您對自己舉止的嚴格要求，就連在黑板上不經意地寫下一兩個不太端正的字，您也愧疚而嚴謹地要求自己重新寫好。然而，面對無意中把墨水傾倒在您這個世界或許堆積著教人失望的謊言，但我希望你們在瀕臨絕望之際，仍可迸發熱情，化作燃燒的火焰。

這個世界或許瀰漫著躁動不安的挑釁，但我希望你們時刻保持謙卑。因為紛爭既可由別人煽動，也可以是源於不自知。

這個世界或許充斥著橫蠻無理的行為，但我希望你們在憤怒的時候，仍能沉浸到對方的生命裏，想想別人。

話題很多，但字數給我的自由很少。請恕我只能以寥寥數語，作為離別的禮物送給你們。我恨自己文字拙劣，無法助你們解開心結。然而，我會一直在彼此相識的原地守望，讓你們活在這個荒謬的世界中，仍擁有微笑以對的勇氣。

熱鬧過後，無需感到失落。因我注定只能

的備課筆記上的我，您卻是那樣寬宏大量，絲毫沒有計較。您的言談舉止，無處不淋漓盡致地流露出「嚴以律己，寬以待人」的色彩，您的言行恰恰為那些道理注入讓我們記上一輩子的力量，在我們的人生中揮灑出「道理」之所以存在的意義。

我也肯定記得，當藏在我情感禁區裏的溪水流淌出來時，您是如何耐心地指引它前進的方向，把原本被遺忘在山澗中的它引導到壯闊的汪洋中。唐老師，就讓我與您分享分享，被您送到大海中的溪流如何在這六年裏構思未來的藍圖，又如何從中更了解自己在汪洋中徜徉的意義吧。

曾幾何時，那個熱愛藝術的我心中栽滿了對藝術的期盼。然而，那些充斥著理想工作的定義的烏雲無聲息地遮翳了我所仰望的蒼穹。

陪你們一程。這場命定的目送，為你我帶來一刻必要的沉默。有一天，當你們重遊舊地，不妨讓自己享受沒有手提電話的一天——用身體感受那既熟悉而又陌生的斜坡和木棉樹。不知不覺，你會發現，它們已在你的人生歷程中，烙下不能磨滅的足印，並牽動你的思緒，讓你在不遠又不近的距離之中，找到快樂。

「唐」老師

楢社畢業年中學歲月紀念日

李兆基老師按：

這篇師生文字因緣，源於學校每年均會邀請一位老師，為應屆中六畢業生撰寫「家書」。適逢我任教中六兩班中文，故有幸獲邀。這三年高中，疫情無疑加劇了同學對文憑試中文科

每當我仰首盼望，它們便譏諷我沒有前途；每當我向它們吶喊「為什麼」，它們只是嗤之以鼻地說道，「這便是世界的規條」。後來，您讓我思考這個世界的價值，追問我認為迎合世界的口味抑或追求自己的熱衷之物更有價值，我終於恍然大悟——原來我們應該憑藉自己的思考去衡量那些所謂的價值及其份量。如醍醐灌頂，我便在那時向您傾訴，我決定掙脫束縛，翱翔於那片旁人認為不切實際、毫無意義的蒼穹。您的循循善誘引領我度過這個抉擇，讓我前所未有般清晰地認識到，自己原來有多麼嚮往那片藍天。

曾幾何時，那個懵懂無知的我誤以為讀書就如時鐘冰冷的齒輪，它爭分奪秒地運轉，為的只是避免因跟不上時間的步伐而被唾棄而已。於是，我向您埋怨，讀書只是一場「爭做

的恐懼感，有些更為入大學後，不用再讀（考）中文而欣喜。於是，我以回應同學的情緒為立意，以文憑試歷屆寫作試題為素材，以「遊戲」的角度出發，**將全部試題化用到「家書」之中**。我想告訴同學，在躁動不安的時候，我們更要成為自己情緒的主人。只要轉換角度、加點心思、創意，即使不討好的事，也可以饒有趣味。最後，竟引來同學撰文回應，對我來說，實在始料不及。

第一，不要做最後」的惡作劇。聽罷，您娓娓道出一些語文經典，教導我們日臻於善，又指出科學知識是怎樣帶領我們探知世界的奧秘、歷史故事有多麼引人入勝……您的話語使我頓悟「爭做第一，不要做最後」只是蒙在「讀書」之上的謊言，讓我看到了「讀書」真實而美好的一面。自此以後，我開始由衷地欣賞知識的魅力，對讀書之真義的嚮往亦油然而生。唐老師，請您放心，我將一直守護著這份由您捎來的熱情之火，讓它熊熊燃燒。

曾幾何時，我總是為自己腦海中萌生出的新念頭而沾沾自喜。若那想法與傳統大相徑庭，我便恨不得掙脫這包袱，認定唯有自己的創新才能讓世界進步。而您卻把自身代入傳統支持者中，如臨其境地向我傾吐他們的信念，以及他們的意念如何促進新時代社會的進步。

您中肯誠摯的話語使我悄然潛入傳統支持者們的生命中，在觀摩他們的思想時逐漸悟出他們的意念是值得理解、接納與深思的。自此，我那自傲的氣焰已然被您徹底澆滅，而我也懂得了只有我們時刻都想想別人，傳統與創新方能和而不同，共同推動世界前進。

唐老師，在這六年的時光，您其實已經助我們解開太多太多的心結，給予我們太多太多以微笑對抗逆境的勇氣了。因此，雖然這場目送是命定的，但您陪伴我們的絕非僅有這一程——您賦予我們的一切注定能成為我們無法磨滅的印記，一直陪伴我們走到生命的盡頭。在這一刻必要的沉默中，就讓您靜靜地感受我們對您的感激與祝福吧。我們衷心地祈盼，您今後所遇到的每一位學生都懂得對您的付出心懷感激，讓您深切體味到把自己奉獻給教育事業的意義。我們也必將銘記您的教誨，不辜負您的期望，貢獻社會，全力以赴。

楢社諸生

楢社畢業年中學歲月紀念日

李兆基老師

「因為你們可在成長中面對一次又一次的重大抉擇，而這一切都賦予你們更了解自己的力量。」

靈魂需要調味

吳騏宇同學

親愛的袁老師：

終於有機會能用文字跟您聊聊天了，這種感覺和喝茶聊天不一樣，總能把內心的話捋直了說。我想這就是說書人講書和閱讀的區別了吧，想起您總告訴我們閱讀的重要，文字、閱讀為我們創造的風景，可不亞於影像。

這話我一開始是不相信的。

我必須說，我以前是個不愛看書的人，對我來說閱讀就只有白紙黑字。當時中一的我，不知道怎麼就參加了讀書會，也不知道怎麼就開拓了閱讀、文學的新世界。我在那之前，完全不曉得分析作家的文句、更不要說能結合作

生當作人傑，以為浮世舟

袁子桓老師

親愛的騏宇同學：

感謝《總有您鼓勵》，讓我們得以發思古之幽情，用文章對話，談論人生與藝術這個永恆的主題。人與人之間能保持一定距離，總顯得舒適和美好；靠得近了，在老師台與學生桌的近距離內，蓬亂的頭髮，皺摺的衣服，講話時口沫飛濺，如何德高望重的人都顯得不外如是。你眼中的老師，和老師曾面見過的著名作家，似乎都及不上隔著書本看他們筆下的一篇文字，讓人心馳神往。越明確的表達模式，能表達的內容就越單一，如影像和漫畫傳遞的內容雖簡單直接易煽情，卻不如抽象文字建構的

者的經歷、看作者的感情變化等等，這一切是多麼有趣。我還有印象的是您在講《白象似的群山》時，如何反覆品評男人女人的對話，而得知男人要女人做人流手術。我也意識到，相比看影集看漫畫的大口吃肉，如此細細咀嚼下去，讀書也是有一番風味的。同時書還能帶我們「經歷」一些我們經歷不到的東西，不管是悲是歡，都能看看別人是怎樣的。我當時才明白文學其實很簡單，就是用文字帶出藝術，可以是任何我們想要的東西，是情感，是工筆畫，是風景；好像它也不簡單，文字底下可以是作者自己也不曾窺探的冰山。

中三的創意寫作課，您來教我們。創意是真的創意，我可還沒聽過原來中文也能寫出俳句；新詩、微小說、一句小說、散文什麼的。我又開了文學的另一重天——能用自己最簡單

世界，不同的解讀空間，能讓一百個讀者擁有一百個哈姆雷特。

能欣賞文學藝術，反映自身的內涵。你不只是一個接收者，不只是躺在沙發上放空自我聽音樂，不只是戴上眼鏡盯著螢幕看俊男美女，你必須同時是個思考和分析者，你的內心世界與作者的文字共同創造出一個僅僅屬於你的文學世界。

海明威自然是當中的佼佼者，他的冰山理論和簡煉的文字，為讀者創造了無限的想像空間，所以他最需要閱讀能力高的讀者。在他創作的黃金時代，文學仍舊是藝術主流，也許不少讀者能理解他的創作，但時至今日，則需要老師帶著學生去閱讀分析，才能得知原來文學並不只是教科書收錄的那些乏味文章，不再是背誦和應考，而是能如此有創意有風格，展示

的工具，也就是文字，拼砌自己想要的場景和內容，令人興奮不已。人生似乎不再是上學放學、三餐、望著窗外發呆。可惜我筆力不高，寫不出理想的作品。不過我很慶幸，我有一群同樣愛好文學，對這個世界好奇又充滿赤子之心的朋友。我告訴他今天自己讀了什麼書，明天他又來跟我說寫了什麼文，怎麼安排文字……我確實感到快樂，我想，我們望向的地方是美麗的吧。

我在寫作方面是需要進步的。自己在看到好作品時，難免會先感嘆，後羨慕，最後看著自己醜陋的筆頭。別人用了多層的意境，複雜又有致的情感。我不想模仿別人，自己也想試試拿出一招半式，卻是掏也掏不出。

我便想要多讀書來裝備自己。可總是不能讀完，也許是自己有閱讀拖延症，也許是自己

出文字作為藝術的魅力。

捧著一本書，讀一篇好文章，原來可以無比愉悅。老師是幸運的，能夠在一所男校遇上喜愛文學的學生；同學也是幸運的，能在校園遇上懂得文學的老師。記得老師的整個初中，只有自己一個人躲在家和圖書館，讀一些流行書，無人推介我讀世界性的作家和作品，沒有那樣的老師來啟發年幼的我。在你捧著一本海明威和村上春樹，隨他們環遊世界的年歲，老師就僅僅曉得金庸和古龍，以為他們就是世界上最好的作家。

老師在天賦和才華上並不比這所學校的同學優秀，我們有各自擅長的領域，而老師唯一比你們優勝的，是年歲積累而來的經驗。老師是個真誠和願意自省的人，有多年投身文學、創作和參加比賽奪冠的經驗，可以告訴你不必

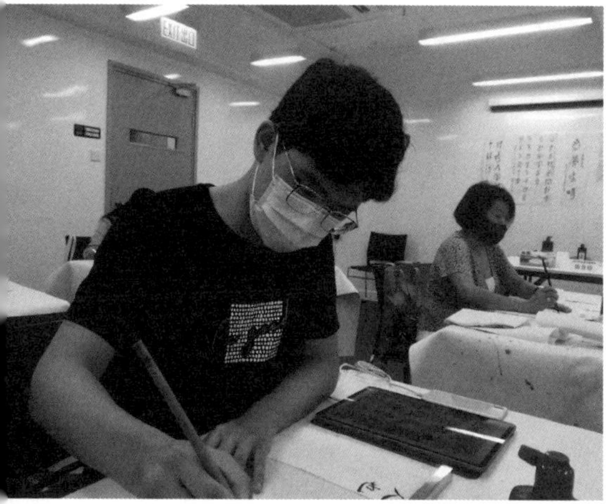

要在文學上有過分的追求，除非你內心有非寫不可的衝動，否則只需有能力欣賞好作品，將之當作一種藝術品味，作為自身涵養便可。偶爾以文字表達和抒發情懷，只為興之所至，不求讚好，不為名利。正如你看到奧運百米飛人跑出九秒紀錄，總不會自慚而想要跟他一樣在賽場上飛奔起來吧。

世上任何一個領域，只要你學習到某個高度，視野擴闊，「天外有天，人外有人」這句話是必然會領略到的，如你聽到身邊那些人以一句話全盤否定一個領域，則可知其膚淺和無知。對於你所擅長的書法，或所有其他鍾情的事物，不論文藝、體育、科學甚或是玩遊戲，老師始終抱著唯一的信念——追求卓越。我們都不是天才，無法成為全香港第一，但盡己之力做到最好是我們追求喜愛事物應有的態度，不能兼善這麼多東西。我也想了一下，一天只有二十四小時，哪能面面俱到呢？

您也知道，我從小研習書法，書法對我來說是個有歸屬感的靈魂。可就在去年，我在看一本自己有參與的比賽作品集，看到其他同齡參賽者的作品時，我沉默了，開始懷疑自己。不是因為自己沒有人家的高名次，而是意識到了，自己水平不及人家。只懂得折張宣紙，然後寫字；人家還能利用印章、利用不同的佈局，讓觀賞者賞心悅目。如今我到了一個新的級別，遇到新的對手，就意識到自己是多麼渺小，多麼懵懂！當初我只能像個小孩子一樣會寫字，而不是像個藝術家一樣會創作。能發現是好事，算是終於打開了天窗，看見了晴空。至於寫字匠、藝術家，那差距就更遠了。

對著晴空發呆，我不知道要怎樣往上爬。

讓自己成為全港最優秀的那百分之一、甚至百分之零點一吧。老師自認為在文學創作領域，自己是那百分之零點一的人，希望有朝一日你也能在所鍾情的領域裏達到同樣的水平。

什麼是藝術？這是一個永恆的主題。即使你遍覽文藝史，學會了以醜為美，學會了後現代主義，也無法清晰界定藝術的定義。而藝術本身也有打破定義的使命，到時定義又將再次更改，進而再次被打破。你無法定義藝術，但你能定義你的人生，增加學識，累積經驗，豐富內涵，屆時你便能論斷作品的好與壞，說出你眼中的藝術究竟是什麼了——如老師能跟你說，我喜歡海明威，不怎麼喜歡卡夫卡，那是我的藝術觀。

追求卓越，成為精英，是一段豐盛人生所需要的，當你身處這個狀態時，你對世界的

怎樣才算好的書法？這個問題好像沒有明確答案，但好的作品確實存在。藝術就是這麼曖昧。我又會想另一個問題，什麼是好的文學作品（畢竟這兩者是有些相同的）？問題變得更難了；難道是一本暢銷書嗎？難道是精雕細琢的詩集嗎？好像也沒那麼簡單。

我用了不少時間思考，對好的書法和文學，分別得出了自己的淺見：自然、不做作，用文字的姿態美或是文字的意象美等，帶出豐富的情感。

什麼是藝術，藝術就是美嗎？這兩者之間有必然關係嗎？我想了很久。就拿九龍皇帝做例子，他根本沒有把字寫好，反而應該叫塗鴉，但他能成為藝術，成為設計師們採用的藝術元素。這樣想了一下，似乎這兩者不能畫上等號。可話又說回來，藝術不就是因為有審美才建立

看法，對人生的理解，與那些碌碌無為、得過且過的人將會截然不同。屆時站在巔峰回望過往付出無限努力的歲月，當中的滋味和光景，讓你回味無窮，更增加了你對自身的認同和肯定。將來我們都要為生活而奮鬥，投身社會俗世之中，不論最終成與敗，自身卓越的人多了一份孤獨和超然，在煩囂的聲浪裏，將有一隻由藝術築成的小舟載著你浮沉。

生當作人傑，以為浮世舟。

袁子桓

九月二十六日

起來的嗎？

越複雜的東西越值得細味，反覆咀嚼都是為了讓人生有點味道。文學確實改變了我對文字的看法，我能感受到文字的力度了。它也慢慢啟發了我對藝術（例如書法）的看法，藝術是技巧，是情感，是作者和觀賞者心靈深處的對話。

您說得沒錯，文學真的是人生需要的，是我們精神世界需要的。我十分同意，也真的很感謝您的啟發。

祝

教安

學生

騏宇上

九月十三日

文學課，繞不開的回憶

周愚睿同學

彭老師：

最近好嗎？我離開校園已有數月了，從當時的不適應到現在的慢慢熟悉新生活，就像鳥兒第一次勇敢離巢飛行，或主動地，或被動地。當中有太多回憶，偶然從我的大學生活中隱約閃過，卻又無法好好地整合在一起，加上不想顯得我過分煽情，故此拖到現在才寫下這封信。反覆翻看這十數個深夜裏的散記，終於把想說的話都疏理好了。

我完全是受您鼓勵，才毅然地走上創作這條路的。記得中三那年，人人都為選科而惶惶失措。有些同學成績一般，人云亦云；有些同

熱情，必得回應

彭子菁老師

愚睿：

紛亂之間陪你們迎接放榜，匆匆送別之後，又迎來了一個新學期。「最近好嗎？」一多謝你一句問候，今年我這邊雖說又是一個教學循環，但大概和你沒兩樣，要經歷的是新的日常吧。樂見你開始習慣大學的校園生活，更感謝你這封情感真摯的信。

讀著你的一字一句，彷彿回到了半年多前，坐在那個隱藏在地下小食部旁的小課室，聽見那在講課中突然爆發的笑聲或爭論聲，或沉浸在那片只聽到筆尖奮力疾書的寧靜。修讀文學的人一向不多，我總笑言這個小圈子是學

學為了前途，選了商科。而我仗著自己略微出色的爛筆頭，亦有些出於青春期心理，想與眾不同，於是選擇了中國文學。

剛開始除了對學習文學感好奇外，更多的還是有些擔憂。擔憂自己是否只是逞一時之快，也擔心自己是否能夠負擔尋常人覺得沉悶的文學課業。最擔心的是，我真的能夠創作出心目中的作品嗎？

雖然帶著這樣的自我懷疑和些許自卑，但我漸漸地對新詩創作產生了極大的興趣。本以為稚嫩的意象和想法會被嫌棄一番，卻不曾想反而得您不斷激勵。記得您說：「香港寫新詩的人不多呢，要堅持寫下去！」甚至還贈了我辛波絲卡的詩集。這讓我豁然開朗，因為在這之前，我只是一葉障目，不曾讀過他人的詩，而是一味的自我剖白。自此我才第一次明白新

校裏的「精英」，因為你們「眼光獨到」，不像尋常人為「錢途」選科，只為一腔熱情，而這樣的熱情是令人羨慕的。人少，交流機會便多，尤其在談論創作時，多少觸及心靈，小圈子成為親密團體，師生成了忘年好友，大概是理所當然的事。

我記得在課堂上討論大家的創作時，各人熱切期待又忐忑不安的眼神。你們一收到作文即安靜低頭讀老師評語，有時會互相交換文章觀摩。然後某同學總是第一個發表意見，透露自己寫作選材來源，坦承受了某位同學啟發，又揭發另一位同學為了作文花了多少個夜晚，而明明老師多次叮囑要限時寫作。你們又告訴我，哪一天相約去書展買書，誰喜歡太宰治，誰正在讀韓麗珠。又，你也許不知道，當你再一次夜晚傳來你的詩作讓我評價時，某同學隨

詩創作不只是如此的。

以後，我逐漸明白您的教育方式，更多的是引導，讓我們自行探索，而非填充知識。這讓我獲益良多，因為您總是和我像朋友般討論作品，可能因為我們是只有八個人的小班，也可能單純出於您對文學的熱情、惜才。這種既是良師，亦是益友的關係，如今已經罕見，所以我格外珍惜。

無論是在文章還是新詩上，我曾受限於意象無比艱深晦澀的弊病之中。剛好當時有外出學習的機會，您便帶我們參加了韓麗珠女士的講座。那是我第一次正視本地的文壇，才發現原來文化沙漠的文學領域並不貧瘠，反而如一處處四散的小綠洲般，各自有其妙處，撫慰了一個個心靈無所寄託之人。後來我細讀了很多韓麗珠女士的作品，得到的啟發也無比珍貴。

即在另一邊廂向我抱怨你沒有第一時間給他讀你的得意作品。我這才發現，原來不在我眼皮底下，你們悄悄組成了文藝小組，談文論藝，切磋砥礪。

我因為這氛圍，多少受了觸動，既羨慕又慶幸。你們剛好在這個年紀，剛好從「五湖四海」來到這個小圈子，剛好都愛好文藝，彼此遇上了，是幾世修來的福氣呢？

多謝你對我的信任，幾乎每星期都傳來詩作和我分享，甚至畢業了仍繼續。我在你這個年紀時，寫作是私密的事，給別人讀自己的詩作，幾乎等於向對方掏心掏肺。而你的託付相當「有份量」，也是盛意拳拳。每次我都提醒自己，要小心咀嚼，切勿讓人癡心錯付。香港有出色的詩人，但寫詩的確是一條小眾的路，少年詩人更是不多。我鼓勵你，既因為覺得你

可以寫得很好，也由於你的熱情實在珍貴。能夠持續寫，愈寫愈進步，是極其幸運的事。沒錯，Missy 不勝其煩再三強調，你很幸運，因為詩歌的繆思女神選擇了你！

我起步比你慢，大學時候才開始認識新詩。我那個年代的中學老師少有寫詩或鑑賞新詩、現代詩的訓練，所以我們會考時都繞過了《聽陳蕾士的琴箏》不讀，以為所謂新詩就是故弄玄虛。直到大學時遇到梁秉鈞教授（也斯老師），他帶我們讀商禽、洛夫、夏宇，讀穆旦、顧城、北島，讀艾略特，讀辛波絲卡，打開了新詩境界那扇門，讓我睜開本來懵懂的眼睛。也斯老師教學從來不硬塞理論或斷言定義，他不會說「這個不好」、「那樣不行」，反而會問我們，「不如這樣？」、「何不那樣？」，然後為我們開啟一扇又一扇通往古今故而藉著前人的光芒，我了解到，我的那些毛病也會慢慢自然消解的。

然後在接下來的三年裏，我們文學小班就像忘年之交般，成為了少了誰都不行的小家庭，總是其樂融融地面對一個個挑戰。記得有一次，我們約定一起去看許鞍華的紀錄片《好好拍電影》。集合前，我和您先行到太子領獎，再去百老匯電影中心附近的舊式茶餐廳等待同學們。這是我第一個關於新詩的獎項，是對我創作能力的肯定，對當時青澀又時常自我懷疑的我來說，無疑是打了一支強心針。所以我真的為您能陪伴我一同領獎，感到由衷的愉悦和激勵。

還記得在茶餐廳，我點了一杯熱奶茶和「餐蛋治」，然後便自然地，像認識多年的朋友閒聊著。聊一些關於您我的前途，聊一些作

中外，甚至多元媒體創作的窗。你說我對你們的教育方式多是引導，大概是因為也斯老師當年對我的影響，至今猶深。

那次知道你得獎，我是欣喜若狂的（多謝關夢南先生對少年作者的鼓勵），想當然要與你一起領獎。我也記得去領獎場地，再去茶餐廳吃下午茶的那段時光。也許，你會覺得是我陪你，但其實你也伴我走了一段路，不止領獎那天，還有那高中三年。感謝你，讓我知道，熱情必得回應。而你這封信，也就是最好的憑證。

最後，放心，正如我給你的卡片所寫，以後你會受挫，以後你會偶爾感到寂寞。不過，請保守對寫作、對文學的一份熱情。但願無論世界變成怎樣，這份熱情一直撫慰你的心靈。

家們的趣聞，也會聊一些同學們之間的窘事。因為我們知道，放榜之後，會有很多人離開我們的生活，到很遠的地方去。即便現在的科技如此發達，但人們就是會前進，漸漸不再互相聯絡，如秋冬季的落葉無法不離開大樹。時至今日，我仍會偶爾回味那日的午後，尤其是那杯熱奶茶的滋味，淡奶的乳香和微甜，紅茶的醇厚和輕澀。

如今到了大學，人們之間的關係變得微妙，我仍在習慣著新鮮的事物。可能是我太念舊了，我仍會時不時地看著您在最後上課天寫給我的卡片。您說：「希望你保有這熱情，撫慰以後可能（必會）受挫的心靈。」我想我會的，因為只要我尚未失憶，只要當我想起中學生活，文學課就是我繞不開的回憶，那裏承載著我的舊同學、我的老師、我的創作，而他們

祝

安好！

彭子菁

十一月一日

又都承載著我青春的苦澀和冀望。

最後，希望您我都能越來越好，除了平安以外（當然平平安安已是很大很重的祈願），也希望您我的創作能夠砥礪前行，繼續寫關於這片土地上的，我們之間的小故事。因為在文學這條路上，我們既是師生，亦是故友。

祝

身體健康！

學生

愚睿上

十月十四日

所謂夢鄉

潘國亨同學

胡老師：

最近一切可好？今天下蚩蚩，不論世界香港，煩擾之事不絕於耳，要得一夜安寢，委實極難。我無悟道之造化，只願與胡老師通過書法與閱讀神交。

最近多讀文學。李太白之仙境、陶淵明之田園、周夢蝶之雪國，叫我無不神往。我想，前人寫作之輝光，總需今人傳承，而我，能以文人身份薪火相傳嗎？能出版屬於我的詩集、於大學授課嗎？

式微式微，胡不歸？

癡人說夢易，但匹夫追夢難。倒不如列舉

志者，心之所往

胡詠怡老師

國亨：

茫茫往古，繼繼來今，上下三千餘年，興廢百千萬事，大概光風霽月之時少，陰風晦冥之時多。古人觀史如是說，不知古人觀今日又如何？我為凡人，無五目慧眼，時時展讀，唯盼以澈心魂，以濬思慮。

讀信中「文丐」一說，不禁一哂，想我業師自謂寫詩如耍百戲，於喜慶時節賣一賣藝，徒博在座賓客一笑而已。如此想來，當一現代文人，豈非不體面之至？然而，一眾前人學殖淵深，文成英華，言作表率，行為世範，我景仰企慕，時時妄盼他朝可與之同列，此為數個理由，說服自己放棄文學？

以文人為志，或許注定無名無利，終為一文丐而已。從小，身邊長輩便教我為律師、為醫生，寧為碩鼠，起碼肚滿腸肥，不為文人，只得簞食瓢飲。那怕是身邊同儕，亦不乏早熟者，告誡我莫為文人。在鏡裏折花、水中撈月，不免可笑。更何況，人們十之八九皆長著一雙勢利眼，最擅避涼附炎。若以文人自居，無名無利，將來有求於人，有誰願意襄助？

即使我安於貧困，亦不見得我能自得其樂。一切文學，以血書者為上。然而，以生命寫作，須要承受的，可能是整個亂世。文人闖蕩遊歷，將感官放大，吮吸世界的萬千，卻也被這萬千折磨著。讀《楚辭》之時，有感屈原綺靡奇文，是世界在他身上剮的，刀刀刺痛，痛入心扉。的確，不有昏君奸佞、悲憂愁思，何故？

我想，人生的一切努力，是為了實現一種價值。人的夢想，當是一種價值觀的體現，如你，遙念前賢的學問人格，思以自奮。惟此價值未必為眾人之價值，與旁人不同，使我們生煩惱心。我們可站在自己的煩惱以外，靜靜在橋上觀看心靈的流水，察看泉源從何而來——一切一切的最初，緣何我有此夢？為何我願以人生實現這一種價值，完成自己的人格？也許一切思慮的最初，那水之泉源，並不是功利的謀算，而是自然而然，覺得可在此處尋得心靈的契合，不由自主，只恨不能生一羽翼，早早生慧，與前人比肩。

為文者，對世間萬事萬物敏銳的觀察，是一種修練。我們從何得到人生的智慧？唐君毅先生說，樹蔭下綠野之牛，正在靜靜反芻，我豈見《楚辭‧離騷》?若我欲為屈原之後，我不也得敞開心門，任風雪吹我、烈火燒我?

更何況，我非屈原博文強志，我能經此修練嗎?最近讀《詩經》，反覆誦讀，最後一句背得準確，第一句卻忘得徹底。那些辭富山海、吐納英華的文人，皆有詩書在腹。然我反躬自問，曉暢的篇章，不過寥寥數篇。胸中無墨，如何文筆?

我當知以勤補拙、業精於勤，秉心養術、思摹經典，方能辨雕萬物、智周宇宙。然惰性一現，睡意一起，哪怕是指天誓日要把書讀完，我還不是倒在手機之前、被褥之中?以拙劣懶散之軀，逐學海之無窮，非不切實際嗎?

漢之廣矣，不可泳思?

誰謂河廣?一葦杭之。

寫罷、笑罷，不又是埋首於書堆，瞌睡於

們對於自己的生活經驗，也當以反芻的精神，細細咀嚼其意義。竊以為，如想要好好用文字來表達自己的所思所感，那便不免要時時咀嚼，嚼出苦，嚼出甘；又不免於對鏡自照，觀照出心靈深處的歡喜悲痛，到底緣何而生。文學創作是心的探討，叫我們認識自己，了解人生，叫我們事事如新，覓得當中的意義。

至若那汨羅湖畔，騷人已去，悲風汨起，血下霑襟。《離騷》是真情真性，是屈大夫人格的體現，苦悶悲痛與堅貞高潔並舉，纏綿悱惻與奮發自勵同存，自有一股精神力量。敞此心門，下筆可生風雨，紙上能焚烈火。風雨如晦，自有雞鳴；烈火灼灼，自照人心。雨打梧桐，是滴答相思；打在十里荷花上，是淅瀝清麗；打在夜半玉階，是沉沉悽怨。雨是一樣的雨，聽雨的人卻別有情懷。

夢鄉？或許，千萬放棄之理由，亦不抵眼前一閃的夢想。古人建言為文，良有以也。更何況，諸聖在前闢天，我何懼在後修路？

猶記胡老師課上一句「凡心所向，素履所往」。我或許是個傻子，但把忍受變為享受，不也是精神相對物質的最大勝利？

文學路上，我尚在襁褓。牙牙學語，以新詩言志，實貽笑大方。如覺浮淺，還望胡老師海涵。

《夢鄉》

月夜
上主　你倒一盤古　死水
最朦朧　尖刺　的盛夏
我是箭靶　紅心
我們

又聞唯恐自己學養不備，不怕你笑話，我亦如是。理想價值之體現，無際無涯，叫人畏然生怯。我讀陳耀南先生少時詩作，頓生徒羨之感；後幸有緣親炙，先生說書，如江如海，萬事萬物，順手拈來，一沐時雨春風之餘，更使我自慚自愧。我心下岑岑，請教老師，自知學殖荒落，書山千仞，巉巖難攀，該當如何？老師答，只有不斷努力，當你登上一山時，回望前山，那山便不復巉巖。我思與你於校舍七樓，午休時共讀《老子》，翻那泛黃生蟲的薄脆小書，彼時你不過是中四年紀；又憶一次對對聯，你問我，用《詩經》「天生烝民」典可好？你不知我心下多歡喜。老驥尚有餘勇可賈，十八少年負壯氣，奮烈自有時。你若喜歡，便會時時親近它，摩挲它。故此，我不擔心你。

至於《詩經》難背，可能是其用字用意與

奔向　擠擁　壓逼　腥臭
瓦片下　縮骨摺疊
算數那　光陰寸斷
折指他　幽暗恐懼
表白那　「上帝！」

孩子
翩翩舞蝶上　不能飛的風箏
牙牙笑語下　最西西弗斯的影
赤腳的他們　形殘　但神全
快樂尚未滿月　卻最自我　和自由
的一弓邀請函

於是一念
奔向　沒有線　香　的國度
溶於破鏡
我罪　黏稠　蜜

今不同（也可能是你已達莊子「坐忘」境界），字已少見，故孔子說讀《詩》使人多識鳥獸草木之名。我們讀詩，不要辜負古人，可細細讀前人注疏，理解過後，易於背誦；但也不可辜負自己，有所感發為佳。

驀地憶起早前與你閒聊《柏舟》詩。

你說：「最喜歡『我心匪鑒，不可以茹』一句。」

我說：「我非至人，焉能用心若鏡？」

你說：「還記得錢鍾書說過鏡可二喻，一者洞察，二者涵容。如《柏舟》此句，物來斯受。我心匪鏡才能擇善擇惡，但如此，卻不能勝物而不傷。」

我說：「不將不迎，是至人，是仙人，總至不是人。有愛有恨有求，才有精神力量。」

你說：「人若羽化登仙，又不知如何呢？」

我說：「若有騰化之術，不老不死，歲歲如是，悶甚悶甚。」

我衣　金煉　羽
我飾　血釀　酒
我為雨所碎　所生　所赤裸
脫殼而墜落

雨夜
籠中　那淋雨的小孩
荊棘的巢　對面
供避雨的　聖殿　那些自囚的我們
「孩子！過來！」
我是我　也是孩子

祝
一切安好！

學生
潘國亨
九月二日

你說：「當一日嫦娥便足矣，哈哈。」

讀《夢鄉》：

宇無窮，宙無極，無垠黑夜沉沉積壓，刻骨苦楚釀為膿血，吉光片羽碎裂一地，銳冷錐心。碎雨牢籠之中，新生兒的眼睛皓潔如玉，澄瑩如冰，他抬首而望，天際之處有微茫的光明，一盞明月破雲而出，不偏不倚，灑落清輝於此人間大地。月光之下，西西弗斯依舊推著巨石，他終將知道自己是命運的主人，他將在荒謬中創造自己的一生。

詩以言志，志者，心之所往。

掌心的舵手終是你，不知你的心，欲駕此一葉扁舟，看哪裏的風景？

祝

青春作伴！四時平安！

胡詠怡

辛丑中秋書於英華

「巧遇」日本研究

謝梓浩同學

敬愛的薛老師：

疫情肆虐之下，已有好一段時間未有相聚，近來一切安好？

踏入初秋，我展開人生的新一頁，正式成為大學生。尤記得當收到中文大學日本研究學系的取錄通知後，我頓時欣喜若狂，放下心頭大石。我第一時間便把這個消息告知您，然後又想想：兩年前的我或許亦想不到，我會依隨您的腳步，考進日本研究學系。

假若我不曾遇上您，或者我的人生路向將會截然不同。

兩年前還是中五的我，對自己的前途感

裝飾別人的夢

薛頌平老師

梓浩同學：

謝謝你的來信。淺嚐了好幾個星期的大學生活，感覺如何呢？與入學前所期待的相似嗎？

得知你因為與我的相遇，而打算報讀中大日本研究學系，我實在既驚訝，又擔憂。說來慚愧，身為交流團的領隊老師，雖然我也難忘你認真和沉穩的態度，但是面對四十多位同學（這幾年，我常常帶團和舉辦學校工作坊，加起來的學生數目就更多了），每天跟你們個別說了什麼，我真的沒有太大印象。除了交流團的五天外，某次回母校探望老師時，也曾經跟到迷惘，未有認真思考過自己的未來，每當有人問起我想報讀什麼大學的時候，我只會笑笑說「不知道」。改變我人生的那個契機，就是兩年前的沖繩交流團，而我也在那個時候認識您。還記得身為領隊老師的您，說自己是我們母校沙田培英中學的校友，亦畢業於中大日本研究學系。

「日本研究」這個學系的名字我還是第一次聽見呢。當時的我臆測，這個學系應該只是研究日本的文化和歷史吧！在我詢問下，您向我分享在這學系的點滴。課程提供一年赴日交流計劃，而您分享了不少在大阪大學交流時遇到的趣事和得著。您不再局限於「旅客」的視角來看待日本，而是透過在當地生活、學習及兼職工作感受日本。只有這一種深入的體會，您才能接觸到日本社會最真實的一面。

你短暫聊過幾句，我們的相交也僅此而已。我竟然勸告你要及早規劃人生，給了你人生路向的建議！這些話或者只是我當刻隨口所說，我也沒有把它們放在心頭，卻意外地在你心中留下深刻的回憶，甚至影響你的選科決定。我頓然覺得心頭一重，好像需要對你的未來幸福負上莫大責任！究竟我的分享會不會誤導了你，讓你對日本研究學系的學習生活有太多美好的想像呢？

然後，我想起卞之琳的新詩《斷章》：

你站在橋上看風景，
看風景的人在樓上看你。
明月裝飾了你的窗子，
你裝飾了別人的夢。

我們在別人的生命當中，或者都好像這首詩中的「你」一樣。那麼一個漫不經心的行為，一之後，您問我未來想修讀什麼學科。不過當時的我未有任何打算，因此回答了「不知道」。您便語重心長地勸我，要盡早想想自己的未來，亦提醒我不少有關規劃人生的要點，同時，您也興致勃勃地分享在工作上遇到的趣事。當中讓我印象頗深刻的，是您之前在沖繩縣香港事務所工作的經歷。您提到上司給予您充分的支持和指導，放手讓您去做想做的事情，推廣沖繩遊學團，並傳承沖繩戰的殘酷歷史等。難得找到一份自己喜歡的工作，拉闊自己的視野之餘又能擴展人脈，而且更成就了您今天在文化教育方面的事業，這些東西，比起薪金多少，是更加珍貴的吧。

回港後，我仔細想過自己的生涯規劃，並按照自己的能力和興趣選擇學科。考慮過您的意見，想到自己對旅遊和日本的濃厚興趣，也

句隨口而出的說話，竟然會不小心「裝飾了別人的夢」，對其他人帶來這麼大的影響。也好像我在進大學之後相遇的人，他們為我生命帶來的烙印，我猜，也是他們始料未及的。

大學二年級，我到大阪交換留學一年。為了完成課程的畢業研究，以及滿足我素來對「日本人如何看二戰？」的好奇，我這一年差不多每星期都造訪大阪的和平博物館 Peace Osaka。除了研究博物館內的展品和展示的敘述外，我還訪問了不少參觀者，了解他們如何看二戰。

有趣的是，我在博物館內認識了好幾位接近八十歲的二戰倖存者，他們常常在博物館和學校分享自己的戰爭經歷。二戰時，他們大多是小學生和中學生，雖然沒有在戰場上衝鋒陷陣，但是都經歷過「學童疏散」（「学童疎

認為自己未來應該會投身有關旅遊的行業，因此，我毅然在選科表上的第一志願填上「中文大學日本研究學系」。

現在回想，和您相遇的時間並不算長，但您卻改變了我的人生。在我看來，雖然我和您並不是學業上的「師生關係」，但卻是人生路上的「師生關係」。所謂「師者，傳道、授業、解惑也」，身為人生導師，您解答了我在前途上的疑惑，分享了許多在日本研究學系的所見所聞和自身經歷，向我傳承「日本研究」的精神，希望我能夠繼續發光發熱。

如今，我即將開展我的大學生活。面對一個全新的學習環境，認識來自不同背景的新同學……身邊的事物與中學的截然不同，有許多事情都需要探索，我想必定會遇上許多挑戰。或許，未來的我偶爾會想起，以往受中學老師

開」）。戰時日本政府為了保存未來的軍力，要求東京、大阪等大城市的兒童離鄉別井，獨自到鄉下的親戚處，或與學校師生集體到農村避難。戰爭日久，這些只是幾歲到十幾歲的小孩，除了與家人分離外，還要飽受糧食不足、衛生惡劣、被農村兒童排擠等等的煎熬，有些在戰爭完結後回家時，才發現家人已經死於戰火。我從這些老人家身上體會到：雖然日本是侵略國，但是戰爭底下，吃苦的平民百姓是無分國界的。如果我們能跟日本人多交流，放下互相的指責，體認大家共同承受過的戰爭苦難，或者我們的歷史傷疤才能真正痊癒。

這些老人家雖然已經高齡，但是對宣揚和平的堅持卻讓我感動。因此我大學畢業後，就去了大阪大學做碩士研究，更進一步記錄他們的故事。也因此，我才開始了日本的和平交流

照顧和同學嬉戲的影像，懷念那段無拘無束的時光。

不過，或者從中學到大學的過程，甚或人生本身，都跟旅行十分相似。我自小便經常與父母外遊，遊歷完一個城市之後，轉到另外一個城市時，總會產生一種又愛又恨的「流連忘返」之感——我們會懷念上一個城市遇到的人和事，不太習慣新的環境。不過，遇上不同背景的人，見識各種事物，經歷形形式式的危機，我們又會覺得新城市更加精彩。雖然沿途遇到的人不會與自己走到終點，但是他們都會為自己帶來得著，令自己有所成長。

世界不停改變，我亦不能停滯不前，只懷緬過去會被社會淘汰，盡早調整心態才是上策。初到大學貴境，我會努力摸索在大學的生活之道，接觸不同的人，盡早融入大學生活。

團，及後又發展了幾個香港戰爭歷史導賞團，以及不同主題的文化教育活動，讓參加者與另一個時空的人物對話，發掘人生更多的可能性。

而當我把碩士畢業論文一一遞給這群老人家時，他們的感動溢於言表。當日本的年輕人對那段戰爭歷史都不感興趣時，一位外國青年卻如斯興致勃勃地聽他們的故事。在我離開日本前，有人更打了好幾通電話感謝我，卻好像言猶未盡。直至最後一次，他忍不住告訴我那些一直不敢向人透露的傷痛，在我的傾聽中，他也在慢慢療癒。

誰都沒有想到，一些突如其來的相交，以及他們日常不過的行徑，原來也在點綴別人的人生。

當然還有引導我找到研究方向與訪談興趣的教授，願意與我舉辦第一批日本和平交流團在過程中，或許我會遇到不同的難題，屆時希望您能夠為我指點迷津。

祝

工作順利！

學生

梓浩敬上

九月五日

的中學與大學母校老師，沖繩縣香港事務所中提攜我的日本人上司，給我支持與啟發的創業伙伴，還有你和其他在交流團中受觸動的參加者——無論是「相知相交」還是「一期一會」，我們都在不知不覺間互相影響和塑造對方。

看你談及旅途的相遇，相信你也參透了人與人之間的微妙關係。如何才能在未來的大學旅途中成就他人，傳承自己的價值呢？或是被他人建立，接受他們的美好精神呢？正如我們的經歷，或者都不用多想，只要在日常生活中活出真我，真誠待人，影響，自會發生。

祝

勇敢展開大學旅程！

薛頌平

九月二十五日

慢活人生？

林家欣同學

親愛的璇筠老師：

請允許我這沒大沒小的稱呼，我想，這更能代表您在我心中亦師亦友的情誼。在這裏我想和您說一聲抱歉，耽誤了很長的時間我才整理好自己的思緒，靜下心來寫這封信給您。

畢業典禮已是三個月前的事，但每每我想起那日我們道別的情景，心裏都五味雜陳。那天人潮擁擠，您向我訴說時間飛快。我不知所措地安慰您，說以後會常回母校看您。沒想到放榜日忍不住哭紅了鼻子的我被您擁在懷裏，您說不要覺得對不起，一張成績表必不能代表我的能力，學過的東西依舊存在，不要因為成

一塊美麗的拼圖

梁璇筠老師

親愛的家欣：

你畢業轉眼四個月了。旋即迎接新一屆中四學生，又登上那雪白的旋轉木馬，陪大家興高采烈地走一圈。在旋律中，你們畢竟已變成大專生了。每天想要穿什麼上學去，密集的功課和社交生活，新的嘗試，學習成為「理想中的自己」，如你這樣敏感又猶豫的女孩子，該是有夠煩惱的了。

原來你參加了舞蹈社，也很高興聽到你說樂在其中。這就是你常常希望的突破自己吧？你這樣文雅的、端秀溫順的女生，大概是想展現不同的形象，努力突破界限才會去學習嘻哈

績不如理想就否定自己。

您一直鼓勵沒自信的我換個角度來欣賞自己。您知道的，我的反應總是比別人慢，理解比別人慢，做事也比別人慢一拍。一直置身在「慢活」的我在緊密的課程中嘗試釋放膽怯的自己，於嶄新的大學生活裏也嘗試了一番快節奏，減少自己與大多數人的不同。

我加入了舞蹈社。閃爍的彩色燈光下，音樂放肆地侵入耳朵，霓虹棒不斷揮動，熱情的人們快樂地舞蹈著，我似乎忘記了自己彆扭的動作，只沉浸在跳舞的歡樂。我以為自己找到了釋放自我性格的出口，但慢慢的我發現，音樂快速的節奏感和與朋友們嘻哈的相處模式讓我感到很不自然，融洽的畫面只是自己偽裝的模樣。

然而我並不是一無所獲，陳之藩「釣勝

舞吧！當然如果有一天你在舞台上跟隨著hip hop的節奏，輕快地擺動身體，也應該是風姿綽約的。然而問題是，你是察覺到自己有點「力不從心」？考問自己是為了融入其他人？是在勉強自己嗎？這個方塊境地真的是自己喜歡的嗎？然後這些反思又讓你更了解自己，進步了。

不記得在哪裏曾經看過這樣的一個寓言故事：小太子跟老和尚學劍。走過六年的歲月，千山萬水，學習辨別善惡，用正義之劍斬妖除魔。六年後的早晨，太子就問老和尚：「我幾時才可以得道呢？」老和尚把自己分成兩半，在天空中兩邊的自己一善一惡，有時是慈眉善目，慈光普渡；有時是怒目猙獰，張牙舞爪！到底哪一邊才是真正的善貌？小太子舉起正義之劍，卻遲遲不能判斷……然後老和尚大劍一揮，把太子斬成兩半，太子就升上了半空，背於魚」的觀念如今我才算是真正理解了。我的舞蹈以什麼方式展示並不重要，重要的是我體驗到跳舞的快樂，即使這類舞蹈並不適合我，但我也更深層次地了解了自己。這次的嘗試讓我懂得我並不需要一味地去追求與別人一樣，像您說的我應該更多的去接受自己，在生活的實踐中一次次的進步，結果是什麼並不那麼重要，重要的是自己能在一次次的嘗試中找到並成為理想中的自己。

不過不知怎的，這段時間以來我漸漸對人生產生疑問，很少有事情能讓我歡快起來，對於自己未來的人生也不知道如何規劃，我陷入了迷茫。我想起了您給我們講的文章——殷海光先生的《人生的意義》，當中提到人生有四個層次，而生物價值層是指人有理想。有句話說得好，最慘的悲劇不是死亡，而是毫無理想、

有佛光，再沉穩著地——

他得道了。看了這個故事，你想到什麼？悟到了什麼？也許每個人感悟到的都不同。我就想，小太子為何能得道了？他可是最猶豫不決的？然而在他心中，是仁者的惻隱之心，是祈求真善，不想濫殺無辜，即使面對畢業試，在最要緊關頭。小太子選擇了善，使他通過了世間的障眼。唯有善者才成真人。唯有善者，才是永恆之計。當然話分兩頭，誰不是有善有惡，也曾顛倒夢想？

善良是最珍貴的價值，如你總是滿臉溫柔。當然時時顧慮別人的感受，為別人著想，也是善意。孔子說的仁禮是克己復禮，都是想如何在各種場合之中不要影響到別人、天下歸仁等等。不過，我們對自己也可以更有禮貌的。我們也要善待自己。

目的的人生。我現在應該就是處於這種痛苦的階段吧。老師，您常常鼓勵我做自己，但在這個快節奏的世界，慢，好像並不被接受。畢業以來我的生活都很充實，但在期待已久的大學生活裏同學們到處交朋友，參加活動，而我卻淪陷在自己的多愁善感中。雖然上課之餘會和朋友們不時聚會，然而每次熱鬧過後的冷清卻是更加的刺痛人心，滿滿當當的行程也不能填滿我空乏的心。

我想是這突如其來，忙碌的大學生活打斷了我「慢」生活的狀態，才讓我有如此多的憂愁吧？我沒有太多的時間去與自己獨處，去消化自己思想上帶來的負面情緒，更對「快」、「倉卒」的生活產生麻木感。

畢業之際，您送了一本自己的詩集——《水中木馬》給我，首頁寫著願我更堅強，

我們要有禮地尊重自己的身體、心情，也尊重自己的個性。首先是尊重自己的身體，像你給他適當的鍛煉，營養的飲食，以致他用美麗強壯的軀殼回報你。

省思自己的心情，也尊重自己的感受，而不是急著要按常模的規矩、追趕未能認同的價值，或者盲目接受他人的批評而否定自己。我以前就常引曾參說「吾日三省吾身」，但是這經典綱目只是用來參考啊！反省過後，重新調整就好，更重要的是原諒自己，也給自己空間。我們每一個人都不容易，每一下生存都要呼吸。看看「呼吸」是先呼後吸，要呼（出）才能有吸（入）進的下一步。

尊重自己的個性，讓他成為一塊凹凸有致的拼圖，才可以與他人一起拼成美麗的圖景。

究竟自己的步調會不會太慢？所謂「允

我有點驚訝，老師您像能看透人心一樣，捕捉到我內心脆弱的一面，在我失落的時候給我溫暖的擁抱，每當讀您的詩時，都能帶給我一陣安慰。

您在《水中木馬》——《放榜》中說到：

還有妳，有時外文會變成兇猛的攔路獸妳需要用更多決心打敗牠，也讓時間好好尉平憂傷。

留意怨恨會變成一種毒，在身體裏萌芽以後會打倒信心。

所以我們必須比它更早甦醒。

必須比時間更堅強。

必須比命運更明理。

願我能在老師您鮮活的文化知識當中懂得堅強，收獲更多的力量去打倒多愁的自己。璇筠老師，謝謝您像溫暖的陽光一般出現在我的

執厥中」，大家都說「厥中」就是「過猶不及」，準確的中庸之道。但是「允執」——執著真誠來行動也是重要的。如果不能真誠地面對生活，自然也就不能夠調整出最適合自己的節奏。不要怕比別人慢一點。因為時間，其實是人創造出來的。在茫茫的宇宙中，我們都只有現在，當下的，每一時每一刻的創造與消隱。所謂理想的意義，有時須先走著走著才能看到，或者就是我們腳下的每一步。

腳踏屬於自己獨一無二的步履，盡情、真情地享受生命中的每一刻吧。共勉。

祝

二十歲生日快樂！

梁璇筠

十月十八日

生活裏。

祝

身體健康！

學生

家欣上

十月十日

與別不同師生情

郭曉明同學

張老師：

您近來好嗎？自從我中學畢業後，上中文課還有人跟您「鬥嘴」嗎？升上大學後，我覺得自己成熟了，不再是從前稚氣未脫的女孩。也許，經歷了兩年副學士的洗禮，走過不同的喜怒哀樂，自己不得不強大起來。現在我修讀商科，沒有跟您走文學的路，而商院教授似乎都不擅辭令，以往我倆在堂上激烈討論的時刻不復再見，故此每當上課沉悶之時，總會想起您。

也許只有您知道，我是個外強中乾的人，表面上愛逞強，實際上心靈脆弱得很。很記得

念茲在茲教室事

張熙正老師

曉明同學：

悠瞥月曆，有感四年歲月誠如白駒過隙；惟閱畢同學書信，彷佛當年課堂一幕又一幕的情境，又躍然於思海。

印象中，您是一位勤奮用功、凡事精益求精的學生，即使面對浩如煙海的課程範圍，你總能融會貫通，學以致用；說實話，與你同樣以此認真態度學習之學生，當年確是屈指可數。連年名列前茅，亦是理所當然。可是「全則必缺，極則必反」，同學越是擇善固執、執拗求勝之心越是火紅，成就越益出眾，老師也就越擔憂同學陷於目空一切的迷障；今日飛馳

在中學讀書會，每逢到自由討論環節，我總是沉默不語，縱使心底裏有著不同的意見，卻總勸自己三緘其口。當時您總愛用激將法，為的是逼使我面無懼色地主動發言。您無情地將冷水一遍又一遍朝我潑來，把我的論點逐一擊破，好讓我因為不忿氣而展開討論。現在回想，頓覺那時生氣實乃不成熟之舉。謝謝您那另類的鼓勵，讓我有勇氣踏出第一步表達己見，不再畏首畏尾。

或許經歷磨練的日子久了，思想亦漸趨成熟了。以往我總覺得處處被您在讀書會上針對，故此討厭讀書會的到來。然而升讀大專後，雖不至於被人欺負，但需要堅持己見的時刻很多。我不愛隨波逐流，若果連想法、立場都捍衛不了，在講求自律獨立的大學校園裏，只會被怒濤淘盡。世上不如意事多不勝數，總不能

黌宮，而未知天外天，人外人，不諳習坎抗逆之道的話，如拘宥一時得失，終使學心潰潰，豈不可惜！

還記得嗎？特別在你讀中五、中六時，在課堂中老師對你提問頻頻、反問連連，這些情境如烙如印吧？相信在你眼中，當有人挑戰、質疑你的想法時，皆如兵臨城下，彷彿要和老師一決高下。其實，當你在課堂為一個個論題鬧得面紅耳赤、據理力爭之際，老師心想：「努力回答吧！不要放棄！」欣慰的是，現在的你已明白，老師所做的一切，是為了試煉你，使你將來有更堅實的學術基礎。

想不到，「兩代情」比賽的經歷令你如此深刻。的確，寫作理應是享受的過程，讓自己的思想、靈魂藉字詞釋放出來。可惜在現今教育制度下，莘莘學子苦苦相競以求得學位，不

強求每件事都順心意吧。當初若非讀書會，若非您的激將法，相信我還是個愛生氣、內斂的女孩。

筆落至此，我認為老師某程度上是個「表裏不一」的人，表面上雖經常指責我的不是，但心底裏仍然是關心我的。

您還記得嗎？我中六那年冬天，寒風凜冽，我倆坐在課室門外的長椅，您依舊從容不逼地為我改作文。說上來，那次「兩代情」寫作比賽，您竟花上兩小時與我審題，挑出我文章的錯處，以及討論該加入什麼情感使立意昇華。沒錯，立意是我的致命傷，但我似乎還有另一致命傷，正是太著重勝負。我記得您語重心長地說：「這世界總是天外有天，太重勝負只會令壓力掩蓋了能力，何不視這次為文憑試之前奏，好好享受寫作過程？」

得不施展渾身解數，以「考場求售」，而作為教師，亦不得不傳授幾套「考場攻略」以助學子一登龍門。正因世道如此，老師更不想看到同學成為考試機器。寫作原是我手寫我心，現竟約化成「卷二」操作，故有同學所謂那難以忘記的一幕：「花上兩小時挑文章錯處」。其實，我不是在挑錯，而是既然時間容得下我們奢侈地向它苛索兩小時，我想與你作自由的學術討論，想你用更好的表達，想你呈現更真實的你。最後，其實我也不記得比賽作品有沒有得獎。誠如同學所言，這已不重要，重要的是在這擠壓的制度下，你能有一絲空間對自己的靈魂有所交代。

看見同學在信中書寫自己如何尋夢、追夢，這實在是人生中最美好的事。說真的，人能活著並不是必然，想必你也記得當年同窗的已經兩年了，這句話仍仿如昨天說的般徘徊在耳邊，您一語道破我一直逃避的問題。有時真的很討厭自己的好勝心，為自己帶來太多無謂的要求與準則。原來限制每件事都做到完美無瑕，自己真的會喘不過氣來。現在我終於明白了，過往文章無法昇華立意，全因沒有全心全意投入。

您說得對，要嘗試從不同角度切入看相同難題。或許我悟性不高，這點我在中學生涯完結後才想通。在大專的時候，心裏不時提醒自己不要重蹈覆轍，而我慶幸真的能放得下部分執著，心境果然開朗多了，亦更投入與組員完成使人頭痛欲裂的課業，摒棄「智者利仁」的心態。分數本應就不該放在首位，時常為此而增添無形壓力只會弄巧反拙，適得其反。「大江東去，浪淘盡，千古風流人物」，再厲害的

戰友們吧！我們學校的每位學生，身體都有一定程度的限制，而這個限制彷彿計時炸彈一樣，不知何時會帶走了誰。確實，您讀中六那年的冬天異常寒冷，霜凍警告頻繁。聖誕假後回校的第一天，普通學校的老師多數是追收功課，而我關心的是——學生是否齊人。還記得阿彤吧？二〇一七年一月二日，阿彤請假，我已深感不妙；及後得悉他突然入院，但沒有任何消息；過了一陣子，彤媽又送來數份阿彤的功課，我批改的時候，看到像是心電圖虛弱遊走的字跡，彷佛告訴我他的身體狀況。這些事情當年不告訴你們，是不想影響大家專注學習的心，我還調侃未交功課的同學，說：「看！阿彤在醫院也有做功課，待他出院要超越你們呢！」

然而我回到教員室，將已批改的功課放進

人物亦會隨時間流逝而淡忘，何不找尋一個舒心的方式活在當下？現在，我很感恩在大學校園有好組員相伴；現在，我明白了分數次要，學習如何真摯待人與事，才是重中之重。老師您看到嗎？我倆雖兩年沒見面，但您的話我記住了。

日子過得真快，轉眼已四年了，我慶幸在這四年裏能成功蛻變，不再渾渾噩噩地走將來的路。感恩在我迷茫的成長路上有您相伴，謝謝您推我一把，讓我認清心魔，由迷途的毛蟲蛻變成追求自由的彩蝶。哪怕前路依然荊棘滿途，答應您，我定會披荊斬棘，創一條屬於自己的路，昂首闊步邁向夢想。

祝

生活安康！

曉明上

九月三日

不知何時寄給阿彤的公文袋時，誰也知道這是夢話。

不久傳出阿彤走了的消息，大家都接受不了，但很快又被忙碌麻醉了彼此的悲痛，因為，路仍是要走下去的。

因此，曉明，你們每一個都是生命的戰士，不論這些障礙是早已命定，抑或是突如其來，上天給予你們的使命已相當明確：響起課堂的鐘聲，仿如戰場吹奏的號角，叫每位學生燃燒生命，努力學習，克服困難，戰勝今天。

世事迭變，尤其身處如此風雷激盪的年代，大凡十有八九之事，或使人感到迷惘。沒有人能預知未來，也沒有人可以保證誰人的生涯，遑論規劃如此這般；盼同學在起伏跌宕的人生旅途中，初心永誌，以青出於藍，東淘江浪，不負師望。

即頌

秋祺

張熙正

九月二十日

人生的追尋

衛梓如同學

敬愛的劉老師：

好久不見，一切安好？執筆寫信，竟泛起多年前的文學心。文學人的多愁善感，經過三年的洗禮，彷彿仍然刻在我骨子裏。想到高中時期的自己，更是想念老師您。不知道學弟、學妹有沒有像當時的我們那麼調皮，經常惹您生氣？您還是不愛惜自己身體，為了學生日夜操勞嗎？早會時還在緊張兮兮地數著班裏有多少人缺席，再緊盯那遲到的隊列有沒有您那班學生的面孔嗎？

高中三年，您說的每一句話，我都記在心裏。老師，您總提醒我不要為別人而活，要為

俯仰天地，無愧今生

劉順敏老師

親愛的梓如：

闊別三年，沒想到我只一個訊息提出投稿請求，你便爽快答應。你那果斷、堅毅而又帶點倔強的身影，慢慢從回憶的漩渦中浮上心頭。

三年前，修讀文學與經濟的你，說要投考廣州暨大中醫，初時我也不以為然，覺得太難了，你從沒接觸過理科，暨大中醫也不是省油的燈，沒有足夠的根柢是攀不上那門第的。那時候我只視你的說話為一時興起，沒料到當其他同學考畢文憑試後，天天在面書上載吃喝玩樂的照片時，你卻每日返學校圖書館自修，捧

自己多著想。如今，我算是做到了，離開自己的舒適區，來到一個陌生的地方獨立生活，重新開始。從前沒想到我能考上大學，更沒想到自己還能讀醫，想必您也意想不到吧。當初若不是您推薦我參加中電計劃、文學參觀活動，讓我走出校園，面向社會，也許我現在還是個井底之蛙吧，衷心地感激您！

眾人皆說上大學就自由了。原來，所謂的「自由」是時間自由、學習自由。高中畢業後，再沒有人絮絮不休地對我說教，催迫我交功課，叫我：「有一口氣，也不放棄。」沒有了指明燈，獨自磕磕絆絆地向前邁步，對自己的人生負責，一切看來並不輕鬆。

在畢業紀念冊上，您說我總是勤勤懇懇、認認真真地寫筆記、溫習。上大學之後，我才發現比我努力、認真的人多的是，每逢複習周

著一疊疊其他同學考完即棄的生物、物理、化學筆記，天天向老師請教。教員室那長長的走廊盡頭，總有你纖瘦的身影伏案自習，儘管已是黃昏，儘管已是人聲漸散。然後，我知道暨大中醫不是空話，更不是戲言，而是你志在必得的囊中物。

三年了，誰也沒想到這三年竟如斯不一樣。你問我，再有沒有緊盯那早會的隊列，緊張兮兮地數算著今天誰缺席了、誰又要遲到了。你知嘛，這三年學校都再沒有早會集隊，從那令人不安的社會躁動，到後來那漫長的新冠疫情，操場上已再見不到一大班同學聚集的畫面。以往同學總覺得夏日炎炎，或是寒風颯颯仍要站著聽講很辛苦，如今不知又會否懷念這學生時代的集體回憶？

世界浩瀚，人生渺小，老師當然也有無能

大家都拿著厚厚的「藍色生死戀」到圖書館複習，不知度過多少個伸手不見五指的晝夜。回想昔日的我，還真是小巫見大巫。

再看看這一屆新生，真讓人擔憂。他們態度不認真，做事情不靠譜，更不懂治病救人容不得半點出錯。負責帶領他們出義診的我更是責無旁貸，不禁想起當年舊事。當年的您是否也對著我們這班不思進取、教而不善的學生有心無力？回想過去，我也不是一個好學生，特別倔強，偶爾叛逆，跟您對著幹，想必您對我也束手無策吧。人群來來往往，隨著閱歷增長，被時光磨去稜角，慢慢地，我體會到過去您的辛酸及氣餒。只怪年少無知，辜負您一片苦心。但我相信，終有一天大家會理解您的用心。

其實，在外三年，我內心好糾結。人越大，背負的責任就越重。一人在外努力、拚命學習，為力的時候。我也曾問自己，我仍適合當老師嗎？教學，大抵與演戲有幾分相似——上演前先要準備好台詞，踏入教室，便要以最豐富的感情，演繹畢生絕學。學生能否投入，除了劇本是否吸引，老師能否真情流露亦至為重要。每當我踏進教室，就如演員踏出了虎度門一樣，要忘卻自我，亦忘掉生活的種種煩憂，盡情擔當好老師的角色。好幾次，我病了，病得氣若游絲，但一走進課室，就如著了魔一樣，氣運丹田，眉飛色舞。下課後，整個人也就似洩了氣的皮球，癟作一團，沒精打采。同事都笑說，學生才是我的最佳良藥。也許，師生之間的生命契合，不但是在追求知識的路上相遇，而是能在情感上交流，在彼此的人生路上留下烙印。

這三年，每次見你，總覺得你一次比一次

想成為更優秀的人，為自己的未來著想，可每當想到母親白髮漸多，病痛纏身，自己卻無能為力，不能陪伴左右，實在受盡良心譴責。背負不孝之名，自私地追求自己理想生活，這真的對嗎？我開始動搖了……

老師，人生在世太多身不由己了。世界之大，人之微小，您有感到無力、無助的時候嗎？這學期的人體生理學，我們主宰動物的生死。直接面對死亡，我開始懷疑自己是否有能力當一個出色的醫生，是否能夠接受一條條救不回來的生命。我知道，路，是自己選擇的，跪著也要走完。堅持就是勝利！

老師，我不是您最優秀的學生，但我希望能成為您引以為傲的學生之一。當日，您贈送給我們班的格言，我仍歷歷在目。二〇一六年，「千里之行，始於足下」；二〇一七年，「坐而

成熟，一個女孩子跑到內地讀書，又遇著蔓延全球的疫症，應該很不容易吧？但看到你的成長，老師也很感安慰，我相信你媽媽也會為自己有你這個女兒而自豪。人生，從來都是一條單行道，歲月不會回頭，父母也不會因為我們的不捨而減慢衰老，這是人生的定律，誰也改變不了，你亦不必責怪自己。多點問候家人，好好照顧自己，讓他們知道你在外一切無恙，那便很好了。

你說得對，現在的學生實在叫人憂心。知識還可以慢慢培育，但待人處事的態度又是否以老師之力足以改變？今日社會追求急功近利，要同學慢下來、靜下來，認真思考自己的生活並不容易。當中一學生也跟著潮流的口吻說：「認真你就輸了」，社會又豈能不敲響警號？人生講求的不只是輸贏，更要認清對錯。

若是對的，即使我輸了，輸得一敗塗地，我亦無怨無悔。你叫我再贈你一句話，我想那是「俯仰天地，無愧今生」。醫生不能救活每一個病人，老師也不能改變每一個學生，心存善念，盡其在我，選擇做對的事，無愧、亦無悔，那就好了。

你說農曆新年會返港度歲，壬寅虎年，應是百病皆除、百業復甦的好時節。期待到時與你再聚，大家可以輕輕鬆鬆，遨遊文學世界，暢談天南地北。

祝

身體健康！事事順遂！

劉順敏

十二月五日

言不如起而行」；二〇一八年，「盡其在我，無怨無悔」。如今二〇二一年了，您能再贈我一句座右銘嗎？能否再給我上一課嗎？

處於亂世之下，相隔百里，相知相惜，實屬緣分，我真慶幸高中三年有您這位良師。三年前說好的一起真真正正、無憂無慮地散散心，待我歸來，是時候兌現承諾了！

謹祝

身體健康！桃李滿門！

學生

梓如

十一月二十二日

成長不得不面對的悲傷

馬筠婷同學

潘老師：

久未執筆，竟不知該從何寫起，深恐詞不達意，望見諒。

上學期我修讀了大學生涯中唯一的中文課程，畢竟距離上次修讀中文已過了三個年頭，起初也有點不安，幸好遇到您這樣親切的導師，勾起我中學時期與老師、同學互動的回憶，也令我驚覺，原來成長換來的，是一點點的失去。

以前的我，總渴望著長大，好想去看看這個世界，想自己去闖一片天下，等到功成利就的一天，能令父母吐氣揚眉；現在的我，卻不想長大，我寧願一生躲在父母的羽翼下，也不

沒關係，就讓傷口伴隨成長

潘漢芳老師

筠婷同學：

收到你這封信，特別讓我感動。感謝你願意與我分享成長路上的想法。

你說得對，生離死別是人生的必修課，也最難令人釋懷。你因朋友父親的離世而想到要更愛惜自己的父母，看來已學到了成長的第一課。小時候，我們總想著快些長大，快些看看這個美麗世界，長大後可能就會發現，世界原來並不如心中所想的美好。其實，成長要學習的，又豈只是生離死別的課題呢！

中學時曾讀過莊子的《逍遙遊》，可算是道家的經典，當中談到一個很有意思的題

想看著他們變老。

時間的腳步是無聲的，也從來不會為了誰停留，只顧悄悄的愈走愈遠，即便某一天你看出時間的無情，也只能無可奈何地看著它繼續流逝。小時候的我，總以為家人的陪伴和世界的善意都是無條件且永久的；然而，當看到父母兩鬢開始斑白、當我也可以跟別人「說當年」，我才突然發現，原來這個世界早就變了，又或是，其實它一直沒變，只是我懵然不知，還以為時間允許來去自如。

我想，其實我是知道的，知道時間會令人白頭，知道別等失去才懂珍惜；但是我一直都在自欺欺人，告訴自己父母能夠陪伴自己一生，彷彿不去想別離，別離就不會來臨。然而，在我一個非常要好的朋友父親最近突然離世時，我心裏好像有些東西開始崩塌，逼使我直

目——相對。什麼是大，什麼是小？什麼是有用，什麼是無用？說的都是相對的問題。我不是要說「什麼是生，什麼是死」這些玄妙的想法，只是想說，很多人常常想著「死亡」、「離別」都是不好的事情，但換個角度來看，死亡、離別真的一無是處嗎？至少它帶給我們反思的空間，叫我們珍惜當下，趁還有機會的時候，彌補做得不夠的地方。

我讀研究院時認識一位聰明又漂亮的女同學，她友善可親，大家也很喜歡她。可是，殘酷的死神從來忌才，就在她出來工作後不久便確診末期癌症，即使醫學如何發達，新藥如何奏效，她與病魔交手了只一年多便撒手塵寰。當時年輕的我，第一次失去年紀相若的同伴，覺得上天真不公平，要在她努力取得學位、工作嶄露頭角之際，奪去她寶貴的生命。日子漸

視「天下無不散之筵席」這可恨卻不可違逆的真理。

還記得那天我收到友人的電話，掛線後我在桌前呆坐了很久，腦海中浮現與她父親吃飯的情境，常言人生何處不相逢，但原來某次轉身告別，已是一生。我不斷想我如何可以安慰她，可是我發現，在當刻，所有的言語都變得無力。我很記得當天我趕到醫院，她跟我說要好好珍惜眼前人，那時候的我真的非常非常想立刻擁抱所有我愛的人，告訴他們我的愛，但是當我回家後看見我的父母，我除了哭以外根本說不出其他話。可能我跟家人相處一直都不會說煽情的話，要我說出我愛他們真的很難為情，名副其實的「愛在心裏口難開」。

我真的想時間可以慢一點，每當我回過神來，都會發現他們又老了一點，可以相伴的日漸過去，有時當我遇到困難想著放棄時，她在病中仍努力學習氣功以求強健體魄的模樣，總在我腦海裏浮現。或許在成長路上遇到她的出現和離去，正是叫我要努力不懈、活好每一天的叮嚀。

成長確實令我們失去很多，例如失去與同學笑笑罵罵的時光、失去躲在父母庇蔭下的安穩。然而，成長換來的是否就只有失去？電影《臥虎藏龍》中有一個場景：男女主角坐在翠綠竹林的涼亭中，男主角提及他師父的一番話：「把手握緊，裏面什麼也沒有；把手放開，得到的就是一切。」成長路上確也如此。當我們幻想抱緊一切永遠不變，隨著時間流逝，換來的只有陳舊與退步。若我們願意踏前，與改變共存，將會有意想不到的收穫。不用常記著成長帶來的失去和悲傷。有些傷口，永遠不會

子又少了一點。我很擔心我沒有說出我的愛，他們會不會不知道我很愛他們；我努力想跟他們多相處一點，但是我又沒法黏著父母說體己話，只會在同一個空間裏做著各自的事。那樣在他們心中我會否不是一個貼心的女兒，他們會不會後悔有我這樣的女兒？

我好像一直在自說自話，希望老師您不要見怪，可能我太執著於永遠，常聽說生離死別是人生的必修課，但是這道人生難題真的讓我很困擾，無法看開。老師您可以給我一點意見嗎？

敬祝

教安

馬筠婷

九月七日

痊癒，沒關係，就讓傷口一直伴隨我們，提醒我們，成長讓我們學會了什麼。

別擔心因為不習慣說體己話而不知如何關心父母，父母難道還不知道自己的女兒是什麼性格嗎？不懂說話便直接用行動來表示吧！假日時為父母預備一頓晚飯，即使在家做事，也可以邊做邊跟他們聊聊天，讓他們知道你關懷愛惜他們。這比起只懂說孝順但從不真正了解父母需要，更讓他們窩心。

面對成長帶來的失去，我們無法逆轉，但我們可以盡力無悔地活得精彩，這全掌握在我們自己手裏。成熟的智慧與情感，原是走過一路的艱辛與歷練而來的。但願你在成長路上可以闖出自己的一片天空。祝福你！

潘漢芳

九月二十日

旅途上的分岔路口

陳曉智同學

親愛的甄老師：

中學畢業已數年，快到大學生涯的尾聲，至今尚未曾回校探望您，確實羞愧。近來有緣在中文大學相聚，聽您說當年如何為一級榮譽奮鬥，現在的您為了教育，懷著滿腔熱忱，重返校園進修和研究，我實在自愧弗如。曾經，我以為自己和您一樣，已經有了清晰的人生方向，而且正在一路踏實地向目標邁進，應該比同齡的朋友走得更快。可是，經歷過四年大學生活的洗禮，終於走到人生選擇的分岔路時，我才發現走得再快，到頭來還是沒有勇氣做抉擇，走得再快也不過是一隻迷途羔羊罷了。

微笑以對分岔路

甄沃奇老師

曉智同學：

很高興收到你的來信。你中學畢業快四年了，轉眼間即將大學畢業。聽說這幾年你的大學生活非常愉快充實，我很欣喜，也很羨慕。你主修翻譯之外，亦副修新聞、手語和音樂，應該很忙吧？不過，你就是那種停不下來，愈忙愈起勁的人，相信清閒反而會讓你覺得不自在。剛看了你的來信，字裏行間，好像有一點迷茫，也有一點擔憂。你先不要擔心，我們慢慢一步一步討論。

你很擔心自己走「歪路」，對嗎？這幾年，你嘗試了很多東西，期望自己在每一個領域都

不知是從何時開始，我才恍然大悟，以往聽著那些讚賞自己「好犀利」、「我都想有你咁多才多藝」的言辭，不再適用於今天的我。自問不才，在高手雲集的環境下，大學四年，只能成為芸芸眾生中的「芸芸眾生」，時間久了確實磨滅自信。從小開始我已經涉足不同範疇，在幾乎沒有放棄過任何興趣的情況下，一路走來成為了大家心中的「通才」。在眾人羨慕的眼光下，大學這幾年背上這個「標籤」生活，卻始終覺得異常困難。的確，我會因為懂得各方面的事情而能走進不同群體，拓闊我對世界的認知。可是，無論走到哪個群體，大家會因為你不夠厲害，甚至覺得你只不過是「搭單嚟玩吓」，而無法找到自己的角色和位置。常言學校是社會的縮影，這種不僅在人際關係上，更在自我認知上的挫敗，彷彿一個個陰影

有理想的發展，久而久之，漸感吃力，亦頗有博而不精的擔憂，於是你開始有點羨慕我能夠勇往直前發展教育專業。其實，我也走過不少「分岔路」，但我不會視之為「歪路」。人生發展的道路，往往就是自行慢慢探索出來。我本科修讀中文，二〇〇九年考入研究院，哲學碩士畢業後就投身教育界，一直工作至今。如果「教育」是我的「正路」，難道研究院的歲月是「歪路」嗎？肯定不是。沒有往日的付出，就難以踏上今天的道路。你不必擔心自己花了心血結果走上「歪路」，因為路本無「正歪之別」，關鍵是你有沒有認真飽覽路上的風景，有沒有從走路的過程中了解自己。年輕人的青春就是最大的本錢，理應盡情享受探索之樂。你不必因為自己霎時的迷茫而不知所措，亦不必跟別人比較，更不必因為別人的成功而焦

纏繞內心深處，不斷問自己：我是誰？我到底要做什麼？

或許我生命中的一個軟肋，就是不懂得取捨吧。所以說自己迷途，並非因為自己毫無計劃，反倒是以為自己是個通才，想必條條大路通羅馬，結果懵然不知自己其實「周身刀無張利」。抉擇當前，我就一直拿不定主意。說要讀音樂，完成中學文憑試後那個未完成的美國留學夢，又比不上那些花上全部心血在音樂創作的人厲害；說要做個羽毛球教練，先不說技術上不夠出眾，身體的傷患更令人困擾；說要考入研究院，成績又未如理想，浮浮沉沉的表現就是我目前人生的寫照；說要當個老師，又怕自己為了安穩地生存，放棄了多姿多彩的生活。從外人看來，這無疑是一種奢侈而無謂的煩惱：在別人都煩惱著自己一無是處，看不急。每個人都有不同的人生目標，哪能輕易通過比較而得出結論？

我知道你在每個領域都花盡心思，都取得不錯的成績，如果你認為自己「周身刀無張利」，我卻認為「周身刀」本身已經是最「利」的地方，要成為一名「通才」，談何容易。你有很多本事，亦正正因為本事太多，導致自己難以取捨，擔心自己做錯決定，恨錯難返。你用盡全力發展各項本事，現在有點「疲累」，跟各個領域的專才比較，好像比不上，難免有點失落。往後，你要決定自己專注的發展方向，發展一項能夠獨當一面的專業。當別人想起某些工作需要找專才幫手時，他們不約而同想起「陳曉智」，這樣就相當有趣了。

不過，下定決心發展一項專業，困難嗎？對你來說，可能真的有點困難。還記得中四時，著一絲前路的曙光，抓不著一絲對未來的憧憬時，我手執好幾個選擇，應該總有一條路適合自己的。可是，當我從社會的縮影，認清社會現況後，我就知道這些選擇只不過是個假象。有時候，選擇多也可以是煩惱的來源，因為擁有太多的可能性，像走在幽暗山洞中，看到幾個不見終點的出口一樣，哪一條路都看似能走，但走哪條路，亦是道阻且長，而且充滿未知。看來現在的我，就是那個提著蠟燭，被困在漆黑山谷中，正苦思走哪條分岔路的人，而那一點微弱的燭光，恐怕就是自己心中僅餘的一點正能量了。

遙想當年學中國語文科，韓愈在《師說》曾言「術業有專攻」，尤其發人深省。不僅是教育，每個範疇總有「專才」，能在自己擅長的領域大放異彩。看著那些從興趣一步一步走

我是你的班主任，那時候我曾跟你聊天，談及你的課外活動，聽完後我呆立當場，你是管弦樂團成員、合唱團成員、羽毛球校隊、辯論隊、普通話學會及英文學會委員、學生大使、學校領袖生、紅十字會成員、社委、校刊《火炬》編輯……這是多麼令人吃驚。這樣還不夠，你在中五時更成為了學生會會長。你還記得嗎？二〇一八年，我和你一起擔任明報小作家講座嘉賓，你跟小作家們說，你懂得七、八種樂器，平時都要花時間練習，他們（包括我）都呆了。你的腳步，從來沒有停下來，也許根本是停不了。你已經習慣了讓自己的腦袋被填滿起來，排得密密麻麻的時間表才能讓你安心，你喜歡在這種「極限」的狀態工作，也許這就是你的本色。

在懸崖旁邊走得太久，如果突然重新回到

到專業，甚至登頂的人，心裏滿是佩服。我並非為他們所得的名利而投以羨慕的眼光，而是羨慕他們早早找到了人生的路向，只需要向前走，不必走歪路，浪費了無謂的時間去繼續探索。來到即將邁進社會的年紀，當人人都好好裝備了自己一套「專屬技能」迎向挑戰時，我到底又能拿著什麼迎接未來的挑戰呢？只憑一份相信自己總會找到出路的信念嗎？在如此競爭激烈的社會中，我又憑什麼站立得穩？

能夠像您一樣，找到畢生奮鬥的方向，想必是件幸福的事吧。還記得您和英文科陳老師都很喜歡講到「立心」二字，在此時此刻想起，也確實是個好提醒。我仍然要在這幾條分岔路走下去，與其苦惱太多取捨帶來的後果，倒不如痛痛快快作出選擇，再好好走下去。不知那個時候，我是否會後悔自己的選擇呢？

平地，你難免會有點擔憂。一方面擔心在平地上走路會變得遲鈍，另一方面擔心如果自己從此喜歡了平地，享受這份安逸，自己就會變得不再是自己了。如果你真的不是一個可以停下來的人，如果你真的要活出本色，你就需要為自己不斷訂立目標，不停前進。如今你大學快將畢業了，是一個新的開始。如果你對翻譯有興趣，大可以繼續深造，成為一名學者；如果你對音樂有興趣，大可以專注創作，製作更多優秀的廣東歌；如果你對教學有興趣，大可以報讀教育文憑，成為一名老師。我作為一位過來人，建議你可以嘗試報考研究院，鑽研一下翻譯。如果報考成功了，就用這兩年時間在研究院沉澱一下，再看看自己真正喜歡的是什麼。

其實，我沒有你眼中活得那麼專一和瀟灑，面對工作上的種種困難，我也會徬徨不安。

祝

一切安好！

學生

陳曉智上

十月三十日

人生就是這樣，一邊自我質疑，一邊回首顧盼，但不能停下腳步。如果走得累了，偶爾提醒自己，選擇在這條路上奔跑的初心是什麼？人生有太多的問題，很難從旁人口中得出答案。尋找答案的最佳方法，就是不斷嘗試和實踐。別人覺得你做得很好的事情，你未必很喜歡；別人覺得你做得不好的事情，你可能樂在其中。

希望你學有所成，學得精彩，學得快樂，加油！

祝

學業進步！

甄沃奇

十月三十一日

或許從未真正離開

黃錦源同學

親愛的謝老師：

最近過得好嗎？疫情下教務繁忙嗎？數天前得知學校辯論隊接連在辯論比賽獲勝，想起亦想念老師。雖良久未有執筆行文，但亦為此特意寫信祝賀老師，並更新近況。

早年收到辯論隊榮登寶座的消息，作為前隊員的我心情當然興奮，但感觸更多。當年我與師兄們的未竟之志，終究由學弟們達成了。我相信更值得高興的是，老師您由成立辯論隊至今一直盡心盡力，默默耕耘。雖然我知老師對獎項和排名一直嗤之以鼻，但冠軍始終是冠軍，是次的成功絕對是老師在我們背後作出無

邀約散離，有情就好

謝承屹老師

錦源：

謝謝來信。雖然不相信眼前真的是你的來信，但還是笑咪咪地頭頭尾尾把信看了兩次。男生之間，一個眼神、兩句挖苦、三聲哼哼哈哈，一切都盡在不言中了。要知道寫千字文，是要被取笑的，難得你不介意。

教學年歲漸長，大部分事都進入習慣的滑道。課程雖然不斷變幻，教法又推陳出新，電子教學大勢所趨，但閱讀、寫作終是主菜，如何讓學生感受日常，寫出生活質感，愛上閱讀始終是大家努力的方向。而這過程又是潤物細無聲，急不來，快不得，要花耐性，逐點逐塊

限量支持的成果。

看著學弟們站在伊利沙白體育館台上的笑容，再回看自己孤身一人在外埋首苦讀，心中少不免有點酸溜溜！腦海內滿是與同學們熬夜準備比賽的畫面、為每個論點爭吵不休的情節、輸掉比賽圍著起來強忍淚水的記憶，當中有苦有樂。還記得老師花了整整兩年時間囉嗦邀請我參與辯論隊，我想以後該沒有學弟如我般要使您這麼操心吧！當然最終我還是成為了隊內的一份子，但現今我卻嫌美好的光景太短，恨不得回到過去，可以早早答應老師的邀請。每位中學生都憧憬大學生活；每位大學生總懷念舊時中學時光，似乎都是個不變的定律。

屈指一算，這已是我在英倫的第三個寒暑了。還記得我當年初到彼邦，人生路不熟，外地的生活和教育模式對一個待在聖保羅十二年

地敲打錘煉。所以在摸索教學的同時，唯一、二讓我不斷保持新鮮感的確是辯論隊，那一屆屆來了又去的隊員們。

我向來寡情，不會在學生身上投入太多個人的感情。這或許與我始終認為，工作與生活本不應相融。做好本分，備足了課，認真批改，對學生而言，已足矣。難得遇到一、兩個脾性和自己差天共地，卻又神奇地能互相激發，令我擠牙膏式地付出多少真情。而你，就是這樣的人。

辯論隊中的學生，一般有幾種。第一類是目標清晰，為了磨練口才，增進知識，爭取榮譽。此類同學不需太多關注，他在辯論隊中找到想要的，就留；找不到，或代價太大就走。第二類是乖孩子。老師、家長推薦而來，以上課的態度應對辯論，但辯論並不常有上場的刺

的學生而言，實屬新奇卻又毫不有趣。離開母校，在學習的路途上缺少了老師的愛護和同學們的扶持，初到貴境之時難免有些不適應，思鄉之情不禁油然而生。幸得與老師定時通信，分享生活點滴，當初在中一課室門外被您攔著趕入中文辯論隊的小豆丁也終將大學畢業了。雖然礙於疫情未能讓您看看我站在台上戴上四方帽的畫面，但那小伙子總算長大成人了。

回憶美好，不過人也總不能只懷緬過去。有時我在猜想，究竟自己一直回首的前塵，是源於對以往的鍾愛，還是對現實的逃避？轉眼已離開母校三載，面對的問題天天都多，一如今早收到一通電話，又是一個求職申請被拒絕了。從寄出第一封求職信至今都已三個月了，除了安慰自己這是每個畢業生都必須經歷的迷惘，亦頓覺軟弱無力。

激機會，所以也堅持不了多久。第三類是投入型，此類是真心喜歡辯論，自己下苦功觀摩比賽，長時間準備比賽，最終成為教練的學生。最後一類，既不乖，也不功利，也不全情投入，據我觀察，他們是來找認同感，無論是比賽場上被認同，還是場下隊友、教練、老師的認同。而你，我覺得像是第四類。

其實大家都在不同的位置找認同。有人在家裏做聽話的孩子，找到父母親人的認同。有人在工作上盡心負責，找到客戶、同事的認同。有人幫助他人的同時，完善了自己，找到了方向。你我在適合的時間相遇，讓我看見你的潛力，看見你在球場上的拼勁。而你也給了我機會，重新審視自己的價值觀，重新看待教育這份不一樣的工作。

離校之時，老師教授的大多已經忘記，留

ST. PAUL'S COLLEGE
HON. LARRY
ADUATION
NER
OF 2017

路還是要走下去。對老師說完一頓牢騷之後，我仍舊堅信一切都會好起來的。晚生一直遵從老師教誨，不驕傲之餘亦絕不妄自菲薄。但願收到老師回信之時，我在生活和工作上亦會有所進展，不讓老師失望！

祝

身體健康！

學生

錦源

八月十五日

下的或許都是一些無聊卻回甘的瑣碎片段，當中大多有情。放學咬著三文治，山長水遠去新界打一場友誼賽；晚上七點，輸了比賽後，走在喇沙書院空蕩蕩的走廊；半夜十一點準備比賽太累時，在校園摸黑探險。這會不會就是你講的緬懷過去。

轉眼你也真的長大了。幾年前你負笈海外，獨自面對學業、生活的挑戰。以你不服輸的性格，雖然波折重重，但仍順利歸來。你立志成為大律師（雖然你不斷大呼後悔，又勸告師弟不要修讀），這份勇氣令人吃驚，我也自愧不如。但回心一想，學生優於師，不是為人師最大的樂趣嗎？至於一時事業、工作上的不順，應該難不到遇強愈強的錦源的。

文已至千字，寫下去，就惹人討厭了。再聊，祝好！

謝承屹

八月二十九日

人生如逆旅，我亦是行人

梁靄玲同學

敬愛的張老師：

自中學畢業一別，不經不覺間，原來光陰已過數載，唯願您此刻一切安好。不知道人生於您而言是什麼？於此刻而言，我認為人生好比一場孤獨的海上航行之旅，不知何時始，不知何時終，也不知道最終的目的地在何方。我們唯一可以做的，便是專注走好當下的每一步，並伴隨著風浪一步一步地緩步前行。若我們細心察看，便會發現，其實浩瀚無垠的大海從未平靜過。海上的風浪雖然有時高有時低，卻未曾有過一刻的止息。風浪與逆境可以是我們前行的阻力，但同時也可以是推動我們成長

艱險我奮進，困乏我多情

張政恒老師

親愛的靄玲：

我總覺得我和你之間有很多共同處：母親在大學時溘然長逝，我對母親未能看到自己畢業同樣難過不已，有多個晚上在夢中驚醒，發現已滿臉是淚；我們也同樣喜歡中文，我曾在網誌介紹、求職表中信仰一欄寫下「文學」二字。大學期間，我總喜歡在大學圖書館中逐個書架查找書籍，比對各項資料和各種看法，日復一日地思考和推尋，「每有會意，便欣然忘食」，當寫好期末論文，找到答案或有新得，那種喜悅和成功之感久久不散。但因生活緣故，未能在本科畢業後攻讀碩士課程。而你告

蛻變的助力。這段充滿未知數的旅程注定是孤獨的，因為孤獨是人的宿命。若幸運的話，親人、友人、師長等會偶爾相伴扶持。但請不要忘記，他們只是我們人生中的有緣過客。每個人只能獨自經歷和體會人生，僅僅是生老病死四苦，已無人可代替。與光明、希望、愛等元素一樣，無常、苦難、遺憾等也是生命中無法割捨的一部分。既然我們已踏上了這趟沒有返程的旅途，不妨嘗試接納生命中的一切，並細細體會箇中滋味，努力精進自己，不枉此行。

很感恩的是，有幸在高中的學習生涯中遇到您這樣一位認真盡責的好老師，可以成為您的學生，我感到很高興。從您身上，我學習到許多，不僅是文本上的知識，還有您的熱誠、認真、堅毅等特質。高中三年在您的引領中前行，彷彿在茫茫大海中有了指路的明燈，旅程

訴我正在攻讀哲學碩士時，我欣喜若狂，除了喜見你能在學問中更上一層樓外，那刻我還覺得，我人生的憾事，因你為之而填補了那道缺口。同時我也相信，我們各自的母親，生前未做過的事情，未能完成的憾事，可以由我們去完成，他們也定必相信我們會做得好。我們不僅身上流淌著祖輩溫熱的血液，還寄託著他們「好好活著」的心願。

中學時曾經寫過拙作一篇，當中對死亡有這樣的疑問：

「死亡是生榮的相反嗎？生是一種存在和擁有，死後還會存在，或是永遠消失呢？死亡會像衰老一樣嗎？衰老有一個漸變的軌跡，你可以從鏡子裏看見妙麗的青春氣息漸漸地從臉上消滅，你能不能在鏡子裏觀照死亡呢？死亡會像生病般能康復過來嗎？病分為大病、小

雖然孤獨卻不孤單。不過我明白，一切的幸福並不是必然的。正如盲龜值浮木一般，人生已難得，生而健全難，生在良善之家難，生於和平年代難，生在富庶安穩之地難，生在理想生活環境中而能得遇良好的發展機遇更是難上加難，故而我明白到要學習「珍惜當下」。「珍惜當下」不單指將我們的心帶回此時此地，更重要的是，在安於當下的同時懂得感懷過去，明白沒有東西是必然的，珍惜當下的每個機遇，為自己的未來認真負責，才不枉此生。

幸福並非必然，風雨會猝不及防地不期而至，人生或多或少總會伴隨遺憾。仍記得你以前在課堂上分享過《目送》一文，龍應台先生指出人與人是漸行漸遠的。可是我卻發現，這種漸行漸遠的「目送」已是一種可即而不可求的「理想」，現實往往不會盡如人願。回想過

病，死亡有沒有大小之分呢？」（《迷思》）

長大後漸漸、漸漸地明白到不僅死後的情況難以知曉，人生的歷程也難以掌握。我在疫情之下，因關隘阻隔，與家人長時間分開，在電話的另一端看看家人的生活瑣事，讓無處可逃的想念得到一點慰藉，但怎麼能取代真實的相處和經歷呢？在生活狼狽之時，我們可以選擇逃避，呼天搶地怨恨天地不仁；也可以在磨難、困頓中咬緊牙關、胼手胝足地活下去。無論是生離死別，我從沒有想過放棄，或者也是受到母親的影響，她在生命最後的數個月中，受盡體內癌細胞和用藥的折磨，但從不對我們展露那種徹骨的痛，沒有說過半句放棄抱怨的話。

我前段時間獨自一人在山路上跑步，不小心跌倒翻滾，兩米之外便是沒有圍欄的山坡，

去幾年，巨浪波濤不斷接踵而至。疫情是在我大學畢業前最後一個學期開始爆發的，福無雙至，禍不單行，與此同時，又突然發現母親身患重疾。由於疫情的緣故，她生命中最後幾個月的時光只能孤單一人在醫院渡過。雖有醫護的悉心照料，但熟悉的親人、友人卻無一可在旁相伴。原來，站在生命的關口前，人竟是如此脆弱無力的，即便是最親近的人，也無法分擔你的痛苦，更無法代替你承受生命的那份孤獨。有些路從一開始，便注定只能一個人走。母親與我相伴二十載，關係亦親亦友，最後我卻無法與她好好道別，她也無緣得見我穿上畢業袍的樣子，更無緣參與到我往後的人生。

若問我會否覺得遺憾？我不確定我將來的看法，但此刻的我會回答：「人生就是如此！」（C'est la vie!）故人的逝去，並不代表絕對

起來後才發覺全身多處是傷，但我告訴自己：「還活著。」縱然淌血地走上一句鐘的路程，沿途沒有急救用品，沒有途人支援，我還得忍痛回家。沒錯，「回家」就是我活著的精神支柱，以及意義所在，成為我走下去的理由。兩年疫情下的孤苦生活，也是這種意念讓我走到現在。弗蘭克《活出意義來》這一本書特別值得在逆境中再三品讀，雖然困難逆境不知道什麼時候到頭，但是懷有希望，找到活著的意義，才能精神抖擻、忍痛堅持地向前走。

不知道你有沒有這樣的經歷和感受呢？當下總覺時間餘裕，當經歷不如意之事倍感時間漫長；但當回望過去，十年前的某些事卻有一種錯覺，感覺在不久之前發生。某些情緒、某個過去的片段，在腦海中突然襲來。你竟然在發呆的時候想起六歲時看蝸牛慢慢爬行的情

的消亡，現世今生的緣分雖盡，但我們之間的關係卻不會因為死亡而被割斷。她雖逝去卻未完全消失，我是她的延續與體現。我身上流淌著她與世代先祖的血，她給予我的愛從未消失，她對我的言傳身教依然深深地影響著我，她永遠會是我生命中最重要的存在。

遺憾無可避免，卻要避免過分沉溺於過去的遺憾當中。因為過去的已消逝，將來的尚未可知。於現在而言，過去與未來皆虛幻不實，猶如夢幻泡影。我們唯一可把握的，只有當下。與其感到遺憾，不如感恩過去，努力活好當下。最後，我想分享一段自己比較喜歡的偈語。《普賢菩薩警眾偈》：

> 如河駛流，往而不返，人命如是，逝者不還。是日已過，命亦隨減，如少水魚，斯有何樂！當勤精進，如救頭燃，但念無

形，突然想到數年前旅遊中的一剎那……原來，過去發生的種種以另外一種形式存在著。這讓我想到莊周妻子歸道山，莊子卻是箕踞鼓盆而歌。當中的原因引人反思：「察其始而本無生；非徒無生也，而本無形；非徒無形也，而本無氣。雜乎芒芴之間，變而有氣，氣變而有形，形變而有生，今又變而之死，是相與為

常，慎勿放逸！

敬祝

教安

舊生

靄玲敬上

十月十七日

春秋冬夏四時行也。人且偃然寢於巨室，而我噭噭然隨而哭之，自以為不通乎命，故止也。」人在死後或許也是以另外一種形體存在，包括愛和信念也仍存在。

我家中種植名為「天堂鳥」的植物，近兩個月突然枯萎。我不忍心將這盆陪伴自己的植物「送走」，仍然堅持定期澆水，並且剪去它的枯枝，放在泥土之上。這幾天竟然長出新芽！我想，這段時間它在泥土下靜靜地存在，又漫不經心地破土而出了。植物如此，人生亦然。

記得學習與休息結合，在生活的路上努力地走下去！

政恒

十月三十日

如你一樣寫於屯門

我仍記得，您在原稿紙上的筆跡

鄒怡同學

方老師：

謝謝您邀請我合寫這一封信。當我收到您的短訊時，我既驚且喜，驚的是擱筆已久，現在要我重新執筆，的確戰戰兢兢。但同時，我內心難掩喜悅之情，我知道我必須珍惜這個難得的機會。

初認識您時，我唸中三，您到了我就讀的學校執教鞭。您給我的第一印象是青春美麗、溫文爾雅，令人眼前一亮。班上的同學對您這位新老師很感興趣，很想認識您多一些，會用各樣方法吸引您注意。但我們發現，您總是眉頭深鎖，眼眸也總是流露出嚴肅的眼神，無論

我至今未忘，你簽名的樣式

方麗霞老師

鄒怡：

你知道嗎？當有朋友邀請我寫這篇「師生對話」的文章時，我第一個想起的，是你。我最先想起你的笑容，然後想起你的聲音，再然後，我想起有關你我之間的一些回憶。

我認識你的時候，你唸中三，那年是我第一年到你就讀的學校任教，對你們而言，我是非常新鮮的面孔。當然，你們對我來說，也是陌生的一群。許多人都說，不管教了多少年書，對於初出茅廬就接觸的學生，印象必然最深，無論過了多少年，這些學生的名字與樣子，老師都會深刻記得。真的，你們這一群，在我

我們對您說多少傻話，向著您做多少古怪的表情，您也不為所動。在我們眼中，您就像個冰山美人。

後來，認識您日子久了，才明白您當時的想法。您說因為您當年過於年輕，必須裝出一副嚴肅的神情，才能駕馭學生，否則就很難維持課堂秩序，想學生認真學習就不容易了。現在回想，那時初出茅廬的您，要面對我們當年「陣容鼎盛」的一班，確實是個挑戰。

有時在走廊看見您，我就會向您熱情地揮手，起初您並沒有什麼表情，只是禮貌地點了點頭，漸漸，您也向我揮手，更露出溫柔和煦的笑臉，您那副明亮的笑臉一直烙印在我腦海。您是個外冷內熱的老師，不輕易讓人覺察您的情緒，但您的內心，是絕對的溫暖，只要花一點點時間，就不難感受到了。

腦海中仍有非常鮮明的印象。我跟你的緣分不淺，我不只在你中三時擔任你的中文老師，在你的高中生涯，更成為你的班主任。我對你的印象，就是你每天都紮著一條短馬尾，經常笑，無論是微微一笑還是咯咯大笑，你就是這樣樂觀和開朗。

在剛過去的暑假，你約我吃飯，那天晚上，我覺得我重新認識了你。

席間，你把你創業的故事向我娓娓道來。你跟我說，你中學畢業後嘗試了許多不同範疇的工作，以累積不同的工作經驗、擴闊社交圈子、學習各行業的營商手法。當你感到時機成熟了，你便自立門戶，開設了一間為人訂造西裝的店舖，你如數家珍的和我分享其中的艱難與快樂。你一邊說，晶瑩的眼眸一邊閃爍著亮光。我霎時覺得你長大了，不僅僅是因為時間我中文成績不算好，看見一大堆文字時，更有種頭暈轉向的感覺。直到上您的作文課，您很用心指導我們寫作，鼓勵我們多留意生活細節，抒發自己真實的感情。記得每篇作文都會有很多具體的評語，不難想像您花了許多時間批改，我更想像到您在批改時溫柔的手勢。於是，我漸漸開始認真寫作，起初可能是不想辜負您的用心吧，但後來，我發現寫作也挺有趣的。最終，我竟在作文獲得5*。這顆星，您功不可沒，是您引起我的寫作興趣、發掘我的創作潛能。在您身上，我感受當老師的不容易，要讓一個對語文毫不起勁的學生喜歡寫作，談何容易？

其實除我之外，很多同學都被您的熱誠感染，漸漸喜歡寫作。同學間私底下閒聊時，都異口同聲地說喜歡上您的作文課。您會把同學

的洗禮使你的年歲有所增長，而是因你追求夢想的熱誠，以及你朝著目標堅定前行的動力，讓我覺得你跟從前很不一樣。不，我不僅覺得你跟從前不一樣，你簡直令我眼前一亮。我為你感到快樂，我為你感到驕傲，不只因你現在成為「鄒老闆」，而是因為，你在你人生得意的時候，還保存你昔日的單純與真誠。

鄒怡，我真羨慕你的勇敢，到底要多大勇氣，才令你敢於闖入一個完全陌生的領域？你沒有相關的人脈背景，沒有類似的創業經驗，一切都是從零開始。你摸著一顆又一顆石頭過河，學習一門嶄新的學問——幾千種質地的布料、上千種的布料顏色、五花八門的剪裁……學會基本知識後再學怎樣提升配搭的品味，什麼西裝配什麼恤衫，哪種西褲襯哪件馬甲，這種領呔搭哪一雙皮鞋……設計、訂貨、定價、

文章中的佳句摘錄，和全班同學一起欣賞，更會細心點評其中值得欣賞之處。因此，每次派發作文時，我們都很期待自己的句子被選中。謝謝您，讓我們知道，我們也能寫出好文章。

後來，我畢業了，我沒如大家的期望升上大學，因為我真的很想實踐夢想——在年輕時創業。某次，我向您說出這個在一般人眼中「瘋狂」的想法，然後您苦口婆心地勸我要再多讀點書，可是您了解我的性格，我一旦下定決心，就絕不回頭，您只好再三叮嚀：「記得要用各種方法增值自己，不要停止學習新事物，這世界汰弱留強的速度很快，你必須讓自己無悔今天的決定。」您知道嗎？您當時的話，我牢牢記住了，我深刻思考了其中的意思，您的叮嚀成了我的座右銘——「要增值自己，不能停止學習」。這句話，伴著我的夢想啟航，我的追

宣傳、營銷、裝修、接待、打掃……我難以想像你在追夢的過程裏，曾遇上多少難關。你一個女孩子，就憑著一股信念與一份熱誠，在這未知的領域探索，我由衷佩服你的勇氣與毅力。在你跟我分享著這一點一滴的時候，我看到的是你流露的感恩與自豪，卻絲毫沒有一點驕傲，這大概能解釋，為何我如此喜歡和你相處。

那夜晚飯過後，某一天我到了你經營的店舖，門鈴一響，你來應門，手裏拿著掃帚。我環視了店舖一眼，驚嘆年紀輕輕的你怎樣打理這偌大的地方，而且打理得井井有條。你對工作的認真與投入，和你對夢想的追求與堅持，讓我感動。閒談間，你告訴我你的下一個目標，是開設一所專為女性設計上班服的店舖，你已構思好品牌的名字和標誌，你正在一步步向著

夢之旅，就此展開。

之後的五年，我到過不同公司嘗試不同領域的工種，嘗試從不同角度學習打理一門生意。直至我二十三歲那年，我終於擁有人生第一家實體店，我開設了一家為人訂造西裝的店舖。是的，一切是從零開始，我對「訂造西裝」本來是毫無概念，但我下定決心克服重重挑戰，深信「關關難過關關過」，我憑著信念，在這追夢的跑道上咬緊牙關。從布料到款式；顏色到配搭；宣傳到經營……實在不容易。但，我知道，我要兑現對您、對自己的承諾：要讓自己無悔！感謝神，我做到了，您說得對，我正在做自己喜歡的事，我每一天都過得充實、幸福。謝謝您當初的叮嚀和勉勵，也謝謝您今天與我分享這份喜悅。

您在信中寫您羨慕我的勇敢，其實，我也

目標邁進，那些在一般人眼中的困難，在你眼中，彷彿都化成機遇。那刻我知道，你的潛能遠在我想像之外，看著項上掛著裁縫尺的你，我深信你會愈來愈讓我感到驕傲。

又有一天，你告訴我你想買一艘船，因為你喜歡在海上的生活。這令我想起你中學時代就開始的一個簽名樣式，你將你的簽名寫成「舟移」，然後在字樣旁邊畫上一隻有帆的船，這種別緻的簽名圖樣，你一直保留至今。現在，每當我看見船時，也會想起你。我祝福你有一天，真正擁有屬於你的一艘船，然後你可以在平靜的海洋中，享受徐徐拂來的海風與溫暖和煦的日光。

祝

夢想成真！

方麗霞

十月十六日

羨慕您的敦本務實，您做事總是有條不紊，總是讓人感到可靠，加上您的誠懇真摯，讓您成為深受學生愛戴的老師。願您可以繼續以生命感動生命，讓您所教導的學生的生命都如詩般美麗。我知道成為老師，也是您的夢想，您必然也很享受教學工作，而「老師」這身份早在您和您的學生生命中燙下重大意義。

最後，要告訴您，您有個學生名叫鄒怡，她秉持的精神就是「舟移」，或者她移動得很慢很慢，但她不會原地踏步，她會乘著風，四處飄泊，她不一定可以飄得很遠，但她會飄去那個最適合她的地方。但不論飄到天涯何處，相信您仍會和她相遇。

祝

桃李滿門！

學生

鄒怡敬上

十月二十九日

劉順敏老師

「人生講求的不只是輸贏，更要認清對錯。若是對的，即使我輸了，輸得一敗塗地，我亦無怨無悔。」

用文學和歷史編織夢想

張彩慧同學

敬愛的徐老師：

我剛才在圖書館看到您的書，馬上寫信給您。最近如何？工作順利嗎？

我第一次讀到您的書，是在學校的圖書館。當時，還是初中生的我，並未成為您的學生，只知道您是在學校任職的老師。每次在書店遇見陳列在書架上您所寫的書，我便會拉來同行友人，指著您的作品，自豪地說：「這是我中學老師寫的書。」現在，我已經大學畢業，並成為日校老師，深深感受到老師的工作量是如斯浩大。我剛才跟您的新書在圖書館相遇，敬佩之情油然而生，也不禁要問：「您是如何

因書緣而向著目標進發

徐振邦老師

彩慧同學：

收到你的來信，知道你成為了老師，我感到很高興。我只是你的中國歷史科老師，卻意外地令你對中國文學產生興趣，這是我意料不到的事。早前，我在雜誌上讀到你的作品，知道你也在創作路上堅持著。你找到你的發展方向，是可喜可賀的事。

你想知道我是如何成為「作家老師」？又怎樣能夠持續進行寫作？以及怎樣堅持做香港歷史文化的記錄工作？其實，這些看似毫不相關的事，對我來說，都是源於「書緣」。如果要把書緣和夢想扯上關係，那麼，我的夢想是

做到『作家老師』的？」這個特殊的身份，是您的夢想嗎？

中學時，您沒有教我中文，但您卻是我文學創作的啟蒙老師。我是您所創辦的微型小說群組裏的其中一員，您帶我認識什麼是「微型小說」，帶我進入「微型小說」的創作世界。這對我來說是新奇的事物，尤其是每次創作都讓我有探險的感覺。當然，這個過程充滿了驚喜——當作品獲得《知識》雜誌刊登，更覺得不可思議。那時，每每在校園樓梯間遇見您，您總會問我們寫作情況：「寫了沒有？快交文！」有段時間，我十分擔心會在校園遇見您呢。您對我們的寫作有很高的要求，「邏輯思考」是您時常提醒我們要注意的地方。每次交完文章，您會就著文章內容不停問「為什麼」。儘管我經常以「文學性」作理由搪塞您，但其

要做一份與書有關的工作吧。

坦白說，小時候的我是沒有什麼夢想的。那個年代，家庭環境不好，要實現夢想，談何容易！我覺得，只要有一份能飽肚的工作就夠了，根本沒有想過要做「作家」和「教師」。到了我有意識去實踐夢想時，已經是大學生了。當時，我想要成為編輯。我之所以有這個想法，就是因為「書緣」。

讀小學和中學時，我的學業成績不太好，但卻喜歡看書。這個習慣，不知道從何時開始已慢慢培養而成。唸小學時，我會把儲下來的零用錢用來買故事書；唸初中時，我經常到圖書館裏借書看書；到上了高中，跑書店買書已成為了我生活的一部分；在大學讀歷史時，我完全被埋在書海裏了。那時，我渴望能在畢業後當編輯，繼續做與書為伴的工作。所以，我

還未大學畢業，就開始修讀編輯課程。最後，我真的當上了編輯，一做便是三年。夢想，算是達成了。至於，你所說的「作家老師」身份，則是我在實踐夢想的道路上，繼續奮鬥而成的。

由大學當上編輯這幾年裏，我憑著那初生之犢不畏虎的無懼精神，嘗試了很多不同的事。這些事，對我日後的創作路途，有很大的影響。現在回想起來，我也感到有點汗顏。

首先，我在朋友的推薦下，承接了在《星島日報》寫「香港書店」的專欄工作。這亦是我當上作家的第一步。然後，當我嘗試了寫作的滋味後，以為自己就是作家，竟然去申請香港藝術發展局的出版資助，出版了一年十二期的文學雜誌、一系刊共四期的藝術雜誌，以及一本散文集和一本由報紙專欄結集而成的書。

對一個剛畢業兩三年的年輕人來說，這個

後還是要乖乖作驗證、修改。您口中所說的「內容要有根有據」，我猜想您是受到學習歷史的影響吧。

初時，我覺得寫作是老師交給我要完成的任務，但在斷斷續續寫作後，也開始不抗拒寫作了。最令我感到驚訝的是您總會陪伴我們一起參加徵文比賽：您參加公開組，而我們參加中學組。這樣，您讓我們感到寫作不是孤單，也不是老師指派的工作。我真的很想知道，您是怎麼做到持續寫作的呢？

您感興趣並一直默默推動的，不只是微型小說，還有香港歷史文化。從涼茶、玉石、當舖，到電話亭，都是您一步一步用腳，以及用觀察找來的資料。有時您還會在課堂上分享在考察過程中的點點滴滴，這些趣事同樣令我嘆為觀止。您堅持以實地考察的方式，為香港歷

經歷確實是有點一帆風順的。然而，在同一時期，有兩個涉及編輯工作的問題困擾著我。當時，我要負責兩個編務項目：一個是編輯一本香港史的中學生教材，一個是編輯初中的中國歷史教科書。我在想：「我在大學修讀香港歷史課程所學到的知識，根本不足以編輯一本學生用書；而我亦未做過教師，根本不知道自己所編輯的教科書，是否適用。」為了解決這兩個問題，最後，我決定在工餘時，開始為香港歷史文化做記錄，並申請成為一位夜校教師。

那時是我最忙碌的日子。一天九小時的編輯工作，再加上一星期兩晚的夜校教書生涯，然後要在假日遊走香港每個地方，並繼續進行寫作。雖然如此，但這個經驗是畢生受用。經過一年的磨練，我離開了編輯崗位，並在日校找了教席。這時，事有湊巧，我遇上了微型小

史文化留下記錄。在疫情下，您的考察工作有否受到影響？

我不知道能否像您一樣成為「作家老師」，但我會朝著這個夢想努力。這樣，不僅讓我在創作上有所成長，也可以讓我的學生享受到創作的樂趣。

期待與您的書相遇，更期待與您相聚。

祝

一切順心！

您的學生

彩慧上

九月十五日

說，還要負責微型小說比賽的行政工作，以及評審事宜。細數一下，由接觸微型小說開始計算，迄今剛好是二十年。

這幾件毫不相干的事，猶如有一種無形的力量拉在一起，拼湊成為我「作家老師」的身份。

如果說，我的創作路堅持二十年，同時兼為香港歷史文化留下記錄。這兩點，我是不會否認的，但我覺得：這些事，是因書緣而起的執念。當初，我只是想要做與書有關的工作，並沒有刻意要成為「作家老師」。現在，教書、寫書、讀書、編書，無論是做什麼，都離不開一個「書」字，更被不少人給我冠上了「作家老師」的稱號。在某程度來說，我一直是向著我的夢想進發，至今仍在努力著。

這兩年，受到疫情影響，我在舉辦寫作活動時，遇到不少困難。至於最感吃力的，當然

是我的歷史考察工作受到阻礙，但在情況許可下，我仍會進行考察活動。畢竟，疫情下的香港，也是一段令人難以忘記的歷史片段。我希望可以把這個歷史片段，好好保存下來。雖然艱辛，但我會堅持這種值得做的事。

彩慧，只要你不怕辛苦，一樣可以成為「作家老師」。當然，這個身份不僅是你的個人夢想，也應該在你的能力範圍內，努力培養下一代，在學校開設一個文學文化園地，讓學生慢慢成長起來。這段路不易走，但是很有意義。我相信，你是可以做到的。

我期待你的作品，更期待你陪著學生成長，一起為文學和文化努力。

徐振邦

九月二十三日

中文教學之傳承與開拓

戴俊華同學

敬愛的李老師：

我與您的相識相知，彷彿有著一種巧妙的緣分。中學生大多與高中老師較熟稔，因為他們通常會任教三年，相處的時間比較長，關係緊密，但我倆並非如此。您只是任教我短短一年時間，往後我雖然再沒有機會上您的課，彼此卻非常熟稔，亦師亦友。昔日中史課上的歡聲笑語，至今我仍歷歷在目。最記得您善用不同的提問技巧，鼓勵我們多角度思考歷史問題，而且運用生活化的教學策略，教授中國歷代治亂興衰，令課堂活潑有趣，讓我從中三起愛上中國歷史和文化，也結下這段師生緣。

傳承開拓與篳路藍縷

李啟恩老師

俊華同學：

謝謝你的來信，當中勾起了我對昔日上課情景的懷念，點點滴滴，如在目前，一方面高興你仍念茲在茲，另一方面更得悉你快要成為我的同道，想到這裏，不由得放下手上的工作，分享一下我的想法。

我想自己是幸運的，在教學的路上，不時遇到如你這般熱愛文史的學生，彼此同氣相求，可以談文論道。大家普遍都接受我在課堂上有意無意間高談某某皇帝的奇聞軼事、某某時代的怪談逸史，而每每又行於所當行，卻未必能止於不可不止，彷彿從來沒有響起過下課您的史學根底深厚，見解獨特，談起歷史典故時總是眉飛色舞，在「張記」學生的心中，一直保持博古通今的形象，深受大家尊敬和愛戴。提及中史科，不少中學生望而生畏，不論學習內容或授課方式，都感覺嚴肅、枯燥、乏味……然而，我們愛上您的中史課堂、愛聽您的歷史故事。一方面，您的知識淵博，教學熱忱深具感染力；另一方面，您設計一連串有趣的教學活動，以不同創意遊戲打破課堂沉悶的氣氛，讓我們既積極投入課堂活動，也能吸取豐富的中史知識，深刻感受歷史的意義。

我曾是個對文學一竅不通的門外漢，宛如「劉姥姥進了大觀園」，感覺一切文字陌生且新奇，後來更選修無人問津的中國文學科。因著您的帶領，我走進文學世界。雖然您不是我的科任老師，但我們在課後三不五時討論文

的鈴聲——作為老師，當然希望將自己所知所曉，傾囊相授，「晢」把金針度予人，不過這些金針的含金量高低與否，倒是見仁見智的。再者，也是由於不同學生給予自己的不同反應，於是同一課題、不同時間，自然有不同的演繹，就如孔子論仁，對顏淵的解釋是「克己復禮」，給樊遲的答案是「先難後獲」。往往由於要因材施教，每每顧不上時間觀念，這些雖老生常談，但要摸清受眾的口味，了解他們的水平，對增加學生對課題的興趣，又的確是不二法門。

然而，或然率經常會提醒我，對語文感冷漠、對歷史抱成見的學生終歸佔大多數，要他們接受甚或愛上語文和歷史，談何容易！姑勿論香港本來就是一個凡事注重實際效益的商業城市，人們普遍抱理工商科至上的心態，總之

學，賞析古今名著，時而談論豪放不羈的李白，時而暢談豁達樂觀的蘇軾，也在閒聊中論及鍾國強的詩、余光中的散文、葛亮的小說……通過互相交流閱讀心得，這讓我更透徹反思生活、社會和人性。您的話語，教曉我很多人生道理，啟發我找尋理想目標，引導我思考如何回應時代的需要。

文化研究學者兼作家米哈說：「文學，未必能夠幫助我們解決眼前的問題，卻讓我們回到自己的內心與觀念，修復、鞏固，以不至於支離破碎。」閱讀能讓自己內心平靜，人生亦因文學而變得更豐富多彩，可是，在大眾眼裏，文學不外乎風花雪月，不切實際，而中學生修讀中國文學科，更好像走上了一條不歸路。無可置疑，讀文學的路向來不好走，老師作為同行者，在前進的道路上，也需要披荊斬棘的決

「行有餘力，則以學文」。退一步想，作為學生，讀書溫習多為考場求售，想不了太多過高的陳義，這也是可以理解的。這時，作為老師就得考量一下學生之所想，急他們之所急。最好當然是既能引領他們過關斬將，又不會因機械式操練而有違教學理想。故此，如何提升學生對文史的興趣，就成了我教學工作中的頭等任務。

無庸置疑，現今老師要處理的教學與校政都較從前複雜而繁多，除了課前課後的準備和批改工作外，尚有無窮無盡的教務會議、五花八門的進修課程、排山倒海的檢討報告……凡此種種，不一而足。當然，以上每項皆有其意義和重要性，當社會時代不斷進步的同時，教學也不能一成不變，不過這些工作又無可否認地佔據了老師不少精神和體力，以及與學生

心和勇氣。我在您身上，一直看到這一份對文學擇善固執的堅持。請您繼續保持這份熱情，守護危在旦夕的中國文學科、守護文學人追逐夢想的園地。

如今，我將為人師，回想起來，我對教育的使命感，應是由中學開始慢慢累積而成，而在您的薰陶下，更逐漸萌生想當一位中文科教師的念頭，兼教中國文學、中史科。隨風入夜，潤物無聲，教育下一代至今仍是一份神聖的工作，而老師肩負著無比的重責，培育學生高尚品格及積極人生觀。正因如此，本科中文系畢業後，我自覺學養不足，語文根底不夠，於是毅然攻讀比較文學碩士，涉獵古今中外經典著作，以更廣闊的新視野鑽研學問，提升自己的文學素養和寫作水平，為我未來投身教育工作奠定扎實的學術基礎。

相處的時間、了解他們的強弱、聆聽他們的心聲……近年電子學習有長足的發展，各種各樣的應用程式如雨後春筍，於是老師又致力製作那些美侖美奐緊張刺激的教學遊戲，以吸引著學生的眼球，提升學習的趣味，學生們也將全副精神投放在這些極視聽之娛的教學效益的工具上去了。老師呢？老師變成了啟動和關閉電腦程式的控制員，極其量會在活動開始前後加上幾句開場白或活動反思。心想，老師的角色也隨時代而改變了嗎？

我很喜歡你信中所訂的主題——中文教學之傳承與開拓。中國傳統學術向來著重傳承，繼往開來。漢代學術，尤重經師，登壇說教，各有專攻。清代經學家江藩，先後撰有《漢學師承記》、《宋學淵源記》二書，記載漢宋學術的傳承。另一學者劉聲木，所著《桐城文學經師易得，人師難求。我一直深信，如果有幸在人生路途上遇見一位良師，他可以改變我們的生命。適逢香港多事之秋，社會再現移民潮，大量教師舉家移民，對教育界帶來不少影響，而我於五月完成師資訓練後，亦順利取得中學教席，擔起傳道、授業、解惑的責任。在開學前這段時間，我腦海中常常浮現自己講課的樣子，心想：在學生的眼中，我會是一位怎樣的老師？在教學風格上，又會否無意之中有您的影子？

您是我教育路上的楷模，倘若沒有您的諄諄教誨，也許我未能堅定地走屬於自己的路。當然，未來還有更多的路，漫長且曲折。我將上下求索，為香港教育奉獻一己之力，像您在我心中播下了一顆文學種子，我也希望傳承下去，播撒一顆顆種子，讓學生熱愛歷史和文學。

淵源考》，也是同一原理下的產物。當然，門戶之風或許影響了學術的發展，甚至會出現偏執，這是要正視的問題，但傳承的思想實在不可或缺，尤其當自己承接了前人的知識瑰寶，儘管自己不能推陳，也希望後學可以出新，這也解釋了無論課上課後，每談及文史的題材，自己總是知無不言，言無不盡。回想從前自己的老師也是如此這般沉緬於課題的講授，相信這是中文老師對傳道的一種內置式的責任心。至於焚膏繼晷，旁搜遠紹，也就是受感召下的產物了。

你初執教鞭，多少要面對不同的挑戰，要顧念的事也多，但勿忘初心，既要有季文子「三思而行」的態度，再加上孟子「自反而縮，雖千萬人吾往矣」的精神和勇氣。上文提到的，僅是鳳毛麟角，但多少總有些參考價值。記得但願教育的無限可能，在我未來的學生身上開花結果。

祝

教安

學生

俊華上

八月二十八日

唐君毅先生在《人生之體驗》書中論及教育時曾經這樣說過：「他攜著兒童在崖邊行走，他永懷著慄慄之危懼，他不能有一息之懈弛。」這是見道語，也是老實話。你今天的付出，將來必收穫纍纍碩果。

祝

工作順利！

李啟恩謹覆

八月三十一日

疫情下不減反增的關係

葉宣彤同學

敬愛的張老師：

二〇一九新型冠狀病毒疫情爆發，減少了人與人之間的往來。我以為在這段日子難以建立新的人際關係，但是卻「神奇」地認識了您。「神奇」是因為我們的遇見與疫情密不可分。我們之間有多重的身份——您是我的老師，是我的伯樂，是我的上司。

大學二年級開學時，學校首次實行「半面授模式」（即導修課為線上授課，面授課可選擇線上或回校上課）。我得知這個消息後，欣喜若狂！大家終於可以回到學習氣氛濃厚的校園了！但是，可能大家都擔心感染，回校上

疫情下的新常態關係

張燕珠老師

親愛的宣彤同學：

閱畢你的來信，似是重組我們的相識、相知的片斷回憶，讓我再嚐遍久違了的師生情緣。不讀不知，我們的多重關係，居然「得力」於疫情。

從事教育二十個年頭，一直都是在校園、課室認識同學，感受十八至二十二歲的年輕氣息。每個班別每星期只有一次中文科，我早已在點名紙速讀、背讀「年年如此」的名字，昂然踏進課室，按著固定不變的自選座位上那張臉孔，暗中標注特徵，然後配上「紙上的名字」，擲地有聲地讀出名字。兩個星期過後，

課的同學不多，只有兩、三個而已。我以前在班上很少發言，像一盆安靜沐浴於陽光下的盆栽。老師和同學都不太注意到我。但在這個特殊的情況，我反而變得顯眼。您在課堂上不時邀請我回答問題，令我能更準確地了解課堂內容。您也在課後與我們再補充科目的內容重點。這不但讓我與同學在交流中有所得著，還認識了新朋友呢。感恩這段「神奇」的遇見，感謝您所做的一切，鞏固了我的知識，使我對不太熟悉的商業內容（我在高中並未選修與商業有關的科目）有更多的了解，也在做作業時更有信心。

在某一節課堂上，您分享了一個大學文學比賽的資訊，並鼓勵我們參加。疫情爆發前，我的生活節奏很緊張，難以抽出時間參加比賽。當時我有大半的課都為線上授課（只需要

努力裝扮成已經記下同學的英文名、綽號等。這套自詡為「年年歲歲花相似，歲歲年年人不同」的點名式功夫，以為會一直延續下去。沒想到，疫情偷襲，打亂了我們的生活模式，重整了大家的生活步伐，改變了不少深深淺淺的關係。

你們是我「半面授模式」的第一班，起初也是在摸索階段，要重新適應新的學與教模式，面對只有名字沒有樣貌的「黑框」，想像同學的模樣，「肉體」是在線上，還是早已「離魂」。在終於期待的「實體課」中看到「實體」的同學，內心說不出的感動，而你就是其中一個固定出現的「實體」。不期然想起張愛玲在《童言無忌》的感慨：「像我們這樣生長在都市文化中的人，總是先看見海的圖畫，後看見海；先讀到愛情小說，後知道愛；我們

在家上課），不必再花時間乘坐交通工具，這讓我有充足的時間構思和寫作。後來，我文思泉湧，寫了近七千字的小說參加比賽，還拿了獎項。因此，我有幸在疫情爆發後第一次踏進大禮堂，第一次出席數百人的活動，第一次踏上頒獎台。我在頒獎禮看見了喜歡的作家，她是其中的一位頒獎嘉賓。我更有幸與她合照！我的內心是震撼的。能有此不一樣的體驗，有賴您鼓勵我們參加比賽。若沒有您的分享，我不會知道這個比賽的資訊。我獲獎後對自己的文筆更有信心，陸續參加了許多的文學比賽。謝謝您，讓我在疫情期間發現自己更多的可能性。

今年暑假前夕，我打算找一份兼職。可是我既要完成暑期學期，也要準備校外考試，加上疫情肆虐，可供選擇的兼職不多。那段時

對於生活的體驗往往是第二輪的，借助於人為的戲劇，因此在生活與生活的戲劇化之間很難劃界。」在都市中看見海，難；在情感中感受愛，難；在網課中認出同學臉孔，難。而你就是在固定不變的自選座位上的那張渴求知識的臉孔。烏黑的、長長的秀髮，總是一襲淡雅的衣飾，會主動提問，會自然回答問題，彷彿返回我所知道的「課堂」。由於「實體」人數不多，故在實用文寫作課程，加插了每周「店主喜好」，分享奔馳於想像腦海中的創意寫作，鼓勵你們主動接觸外面的世界。我相信文學創作就是聯繫修讀中文的你們，在真實的世界寫下活在這一刻的自己，在生活中的自己以文字記下走過的足印。閱讀世界，閱讀自己；寫作周遭，寫作自己。意想不到的是，居然有知音，在另一邊廂，默默地在黑黝黝的方塊字中，梳

間，我曾查詢許多兼職的資料，發現都不適合。

這時候，我收到了一封電郵——您寄給所有二年級秋季學期任教的學生，內容是您和另一位老師合作研究某個項目，並會聘請兼職研究助理。員工可以在家工作，也沒有特定的工作時間，更與我就讀的科目相關！我毫不猶豫地申請了。很榮幸，我最後通過了面試，獲得了這份工作。時隔近一年，我們又遇見了。您在成為我的老師和伯樂後，又成為了我的上司。我在這份工作中獲益良多。工作時我需要閱讀不少文學作品，這令我對不同種類的文學作品有更深入的了解。另外，我需要校對文學作品的內容，這個過程使我對生活細節有了更認真的態度。

感恩這段「神奇」的遇見，您讓我成為了更好的自己，發掘了自己更多的可能性，也讓

爬出自己的天地，投稿比賽。

微熱的初夏，你捎來獲獎的喜訊，如在無數公式化的郵件中，爬出文學的毛毛蟲，搔癢著我內心的文學神思。我想我的震撼比得上你與喜愛作家合照的震撼。說真的，獎項的大小已是次要，重要的是你踏出了第一步，你與寫作建立了天長地久的關係。他日我會向你的師弟、師妹分享你的故事，你發現了自己的故事，那個更多可能的故事。你的故事讓我回到大學時的自己，那個熱愛寫作投稿的自己，最後走上與文字不可分開的關聯。

因為熱愛中文、熱愛教學，又投入更多的自己在中文教學研究裏，最後選題是中學篇章教學的語言分析研究，希望你們升上四年級，能夠深入廣博地認識現時的教學篇章，日後應用在中文教學上。撰寫計劃書時，已預設聘請

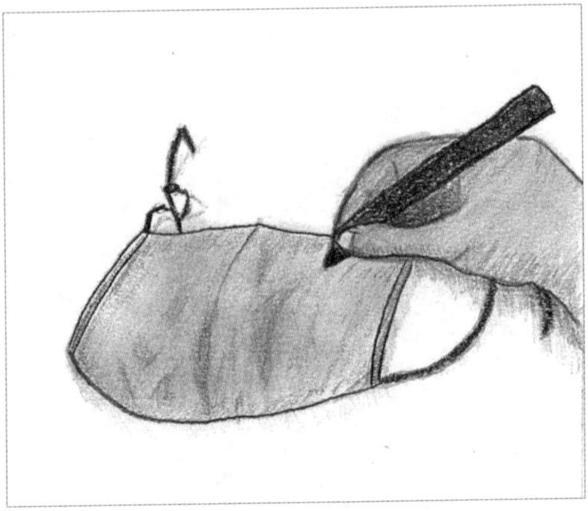

你們當學生研究助理，想不到，在群發的郵件中會碰上有心人。一年後，我們「重逢」了。你主動聯絡查詢，為自己添上另一個可能。「紙上的名字」與「實體」的你配對上了，浮現「半面授模式」的顯眼「實體」同學。師生情緣在斷斷續續的「年年歲歲」中，微妙地遞增上「歲歲年年」情誼已在的關聯。我也感謝這個「神奇」！

你井然有序填寫工作進度表，按時完成任務，從密密麻麻的文字中、長方形的資料夾中，感受到你熱心工作的那團火。更欣慰的是，你在文字整理工作中，能夠好好地閱讀那些經典篇章。今日，你在整理他人的經典，不知不覺地，你已在走上自己所要走的道路上。他日，你會是別人眼中的經典。

在此，借用魯迅《傷逝》的結尾作結：「我

我有更豐富的知識和更好的生活態度。您不但教曉我書上的知識，還教會我許多人生道理，使我畢生受益。我的志願是成為一名老師，而我正就讀於應用中文和教育雙學位學士課程。我會在當上老師後與學生分享這段「神奇」的遇見，告訴他們即使面對困難也要努力學習，不要忘記發掘自己的可能性，最重要的是參加更多的活動。我也會鼓勵學生積極與別人互動分享，通過人與人之間的交流，從中學習和體會到為人處世的方式和人生道理。

祝

身體健康！

學生

宣彤上

八月二十七日

活著，我總得向著新的生路跨出去，那第一步」，當然，寫下的應是無悔和喜悅，為未來，為自己。

張燕珠

八月三十日

抬頭看看身邊的人

林琛鎧同學

敬愛的潘老師：

自上次飯聚過後，我們已有一段時日沒有見面了。您近來可好？是否正忙著開學的事務？

約一星期前，我也開始在新校參與大大小小的會議，要成為別人的老師了。執起教鞭，倏然面對身份的轉變，面對全新的人生階段，我一下子慌了神，對教學的自信也驟然淹沒在跼蹐不安的情緒中。

昨天整理電腦的舊檔案，看到了那年撰寫畢業論文的材料和大綱，便想起了您。記得畢業那年我身邊發生了許多事，或是家庭問題，或是感情煩惱，每當我向您訴說，您總是將您

請鼓起當老師的勇氣

潘銘基老師

琛鎧：

信悉。比起過去當老師的任何一個年頭，今年更為期待開學，二〇二一年的九月，注定一點也不平凡。

經歷了超過一年的疫情，似乎仍然看不到它的盡頭。所謂抗疫，其實是被動的與疫共生，教學也不免翻天覆地。在你要走進教育事業的這一刻，要常懷迎接變動的心，因為不知道哪一天又突然要全城停止面授，老師瞬間變身網紅。上網課，可以用盡無限的奇技淫巧，說自己走在資訊科技輔助教學的潮流上。但千萬不要忘記，教育的本質是育才，是因材施教，說

的看法娓娓道來，也讓我知道：會過去的，我能做好。只是我從來沒告訴您，您的這些話就像清風敞進我的心房，撫平我心中那帶點苦澀的漣漪，您那如磐石般堅定的語氣，總能令我的心安定下來，更讓我感到自己並不是孤單一人。

這些年過去了，我也慢慢有了自己的新工作和生活，一直留在腦海裏的，原來並不是當初那些關於經、史、子、集的筆記，而是您對我的信心，還有那年一起經歷畢業論文考驗的同學。學校真是個美好的地方啊！我想，我們在校園遇上的應該是一輩子最純粹的人了吧，正是這些同伴，在我們被現實擊倒時，走過來拍拍我們的肩頭，提醒我們抬頭看看天上的陽光。然而，值得我們抬頭一看的，並非陽光，而是身邊的人。

今天再看到案上的學生資料和筆記，早已的都是人。從前，我時常以為老師關懷學生最為重要，身教也遠比書本上的學問為人所重。可是，疫情之下，居家上課，人與人不能見面，重重屏幕，光纖實在難以傳送人類的感情。在中文大學，我們的母校，三間人所共知的成員書院，崇基學院的眾志堂、新亞書院的天人合一亭、聯合書院的光輝聯合人雕塑，能夠看到什麼共通點嗎？是的，重點都是有「人」在其中，沒有了人，教學所為何事？

老子說：「千里之行，始於足下。」任何事情的成功，都是由小而大逐漸累積而成的。孔子說：「譬如為山，未成一簣，止，吾止也。譬如平地，雖覆一簣，進，吾往也。」學習好比堆積泥土以造山，山沒有堆積成功，只差一竹筐泥土而已，如果就此停止，這是不堅持而放棄！又如填平一塊窪地，雖然只傾覆一筐泥沒有了前些天的焦躁，取而代之的只有期待。我總是在想像：在未來的教學生涯中，我會否有機會像您當初一樣，與學生一起看看《新序》、《漢書》的選段呢？他們會被陌生的語句嚇跑，還是能一起探討箇中的道理？在未來日與夜的相處中，我盼望能成為一位讀懂學生的老師，也衷心希望他們能在最美好的年華找到並肩砥礪前行的好友，不知道他們又會否慶幸這師生朋友一場？

這封信寫在臨開學之際，除了與您分享近日的小點滴外，也希望能讓自己記下此刻最真實的感受。我總覺得，人長大了之後，總是習慣與身邊的人共歡樂，卻失去了向人求助的能力。或許，現在我們不再於失意時找三兩知己痛哭一場，但是我總希望、總相信，我們能在那些寂靜的夜晚，於心頭泛起某些能讓我們含

士，但如果持之以恆，也是我自己有恆地倍加努力！事情貴乎開始踏出第一步，成功與否，則在乎接續的努力，兩位先師的話語足可參考。教育是終身志業，他將會為你帶來無限的滿足。在「孟子」的課堂上，我曾經說，孟子有三件人生樂事，其三是「得天下英才而教育之」。你現在投身教育，到退休的時候，能夠教導大概超過三千人，怎樣才算是良師呢？學問好，關心學生，兩大條件，無分軒輊。我一直以為教育一個好人，遠比教育一個有學問的人更重要，到了你退休的一天，如果有一個學生因你而改變，教育之路便堪稱無憾。

在學校裏，學生都很喜歡跟中文科老師分享所見所感。原因很簡單，一則中文是主科，見中文科老師的機會比較多；二則跟中文科老師溝通用中文，跟英文科老師溝通只可以用英

著淚一笑的身影，也許是老師，也許是學生。

敬祝

身體健康！

學生
林琛愷敬啟
八月二十九日

文，相較之下，母語教學自是取得大勝。學生輔導是心靈的溝通，在這個躁動不安的時代尤其重要。不要擔心，過去你曾跟我訴說的家庭問題、感情煩惱，便是你跟學生分享時的重要寶藏。感同身受，細心聆聽別人的說話，並作適切的回應，你便可以幫助有需要的人。

新晉教師，切忌職業過勞；要努力備課，認真教學，但更要注意健康。有說，「休息是為了走更遠的路」，在教師路上，如何分配時間也是一大挑戰。心裏總是想著要為學生好，因而多做一點，多走一步。其實，如果你能夠做到上面說的「學問好」與「關心學生」，終有一天，學生會明白原來昔日身邊曾經有一位好老師。大學生不免熬夜，那是一種不良習慣，卻是不負青春的表現。當了老師，便不要再熬夜了，大學生可以不選修早課，老師卻不可能晚於早上七時起床。作為慣性夜貓子，相信這是對你的重大考驗！

在這個時候走進教學崗位，困難重重，機遇處處，也正好取代了那些選擇離開的人。遇上困難，理當迎難而上，而非臨陣退縮。問題是用來解決的，方法總比問題多。你在寫作論文的過程中，曾經用上了很多的材料，臚列例子，反覆推敲，考證翔實。在教學路上，你未必需要再寫學術論文，《新序》、《漢書》未必出現在教科書裏，但教研文言文的能力，將會是你的尚方寶劍，引領學生走進傳統中國文化的世界裏，涵泳其中，尚友古人。有人說，時有古今，文言文已缺乏生命力，實在不必過度重視。文學作品反映了當時的生活，閱讀古代文言作品，便是帶領讀者回到過去，感受古代中國的生活。不同文化自有其不同的歷史，

中國文化源遠流長，光輝燦爛。承傳傳統文化，老師的責任至為重大，孟子說：「天將降大任於是人也，必先苦其心志，勞其筋骨，餓其體膚，空乏其身，行拂亂其所為，所以動心忍性，曾益其所不能。」意指上天將要把重大職責降臨到某人身上的時候，必先使其意志遭受折磨，其筋骨經受勞累，其身體腸胃忍飢餓，使其全身困苦疲乏，使其行為皆受困擾麻煩。壓力便是動力，相信自己，必可在杏壇大放異彩。

教師都期待長假期的來臨，可以稍作休息然後再出發。唐代詩人王維有兩句詩：「行到水窮處，坐看雲起時。」說的是一種順應自然，悠閒自適，坦然面對人生困境的人生境界。順著河流而上，到達河流源頭，水沒有了，便索性坐下來靜觀雲湧。外在環境如何，我們無法控制，在大部分情況下，能夠調適的只有自己的心態。期望到了聖誕節假期的時候，可以跟你們一班新晉老師聚會，訴說近況，抖擻精神，迎接教育事業永無止境的挑戰！

祝好！

潘銘基

九月五日

此時此刻與彼時彼刻

張瑛同學

敬愛的邱老師：

好久不見，新的工作順利嗎？同學們見面暢談時，有時還談起您的「獨特」的教學風格：滔滔不絕、如癡如醉的樣子。哈哈，有些同學還投訴您「仗著」廣博的知識，對我們提出種種「無理」要求。我記得您的教學是一幅幅畫面：

欣賞我們每位同學的特點時，您眼裏閃現出驚喜和肯定的光芒；

總喜歡自嘲的您，用各種「朋友的故事」為我們提供趣聞和知識；

喜歡分享自己的生活，表現出一副漫不經

我可能只是一個出色的演講員

邱逸老師

張同學：

在這忙得不可開交的十月，在文山郵海全天候的轟炸的日子裏，居然能收到你的來信，那份又驚又喜又措不及防，已非「意外之喜」四字可道盡。你的文字帶我暫時離開堆積如山的文件，回到課堂上的快樂時光，有些片段，真是要離開後才會不斷追憶。

這陣子，我還在適應新工作，一切還好，我在社交平台上看著你們在課堂上的點滴，教學癮起，真有點茫然若失。

你在信中問我如何平衡工作和家庭，這真是一個大學問，我沒有答案，盡力而為就可。

心的「深情人設」，實際是在感恩生活的每個瞬間；

喜歡在忙碌與忙碌之間切換，說這是另一種休息的方式，還會用「我忙故我在」作特別解釋；

喜歡傾聽，就像一個深夜電台主播那樣去感受他人的情感，在適當的時候給出建議；

您大方又「吝嗇」，面對需要幫助的人，您從來不猶豫，但對於自己的物質享受又會風趣的「鄙夷」。

這種畫面，還有很多……

我記得您說喜歡文字，長長的文字，鼓勵我們用書信來溝通，既可沉澱想法，又可訓練文筆。這封信，我一直在構思，想了很久，但一直提不起筆，好像有很多話題，但又不知從何談起，所以，老師，請原諒我，這信是「意

我有回家四不：「不談工作、不看電視、不玩手機、不聊電話」，盡量和家人談天說地。周末則完全是家庭日，每周找一個能舉家盡興的地方。不過，我仍是感到左支右絀，我們這種歲數，上有老、下有幼，也是家庭的主要經濟支柱，家中的事、公司的事是無役不與，要平衡，真是有點緣木求魚。

你寫到課堂上的種種，雖然是善意講述，但我讀後卻頗為汗顏，好像整天都閒話家常、無心教學，哈哈！

話說回來，作為教學年資比很多同學還要老得多的教師，我在教學之前通常只想到一點：如何把內容說得更清楚？然後是隨機應變，看你們能力、反應再調節，就是因材施教。

教書的方法最重要是配合自己性格，有人不拘一格、有人巨細無遺，很難說哪一個是最

識流」，想到那寫到那，沒有章法，不重結構。

我畢業離校已十多年，在經歷過社會洗禮和生活的打壓後，變得更加小心翼翼，不像初出茅廬、大膽無畏的同學們，能積極主動和老師同學討論各種難題和疑惑。抓不住學習重點的我，每一次作業都是一次歷險，每一次考試更是一道磨練，本來已左支右絀，卻屋漏偏逢連夜雨，遇到了網課。

因疫情久拖不退，我們的網課已持續了一年多。雖云不需要舟車勞累，隨時隨地上課，但是對於離開校園十多年才重返學校的我來說，卻是一個不小的難題。首先是缺少課堂氛圍，我習慣在課室裏上課，有老師、同學、碰得到的教材，這些本是唾手可得的課堂「成員」，現在卻成了求之不得的回憶。每次網課，我看著電腦，老師們在小方格內平靜講書，其

好，甲之砒霜，乙之蜜糖，是嗎？你還記得嗎？我經常提到老師在入課室前，要先看清自己，了解自己，你是天生木訥的，那就先守著你的優勢，才伺機突破，不要只盯著人家的好，丟了自己的優。教學是生命影響生命的工作，連自己的性格也一無所知，如何影響他人呢？

你寫的例子正好作為一面鏡子，看到我性格的躁動，不安於分的一面，很難耐著性子坐下來，所以我二十年來無師自通了一套教法：「博變動」三式。知識雜，喜歡說故事，這是「博」的一面。「變」是設疑，把教學內容轉變為一個個問題和情境，鼓勵你們多想方法解局。「動」則是活動多，網上網下，不一而足。

故此，換一個角度，我是非典型的好老師，沒有老師應有的仔細穩定、循規蹈矩。形象地說，我可能只是一個出色的演講員，鼓勵你們

他同學則是一個又一個的黑格，感覺像黑洞般把所有課堂氛圍都吞噬了。其次，是少了很多與同學交流的機會，畢竟在線上，同學們都是頗為安靜的，交流起來十分困難。我不敢提問，怕打斷了老師的節奏，但困惑卻會堆積起來。我不知道這種無奈是我個人的問題，還是所有同學都在面對。更何況，我從前沒接觸過香港高校的教學模式和學習方式。這裏是自由自在，但也有點放牧自顧，所以更感吃力，對作業更是毫無頭緒。

這個學期學校鼓勵同學重返校園，我發覺自己又能進入學習狀態了，並能夠較清晰地抓住學科的學習重點，不再是亂撞的無頭蒼蠅。現在新學年已經一月有餘，每一門學科都開始提交第一次作業，很高興的是功夫不負有心人，現在終於有點眉目了。

學習、帶動你們思考，每一次課都面對不同學生，都給我一個絕佳平台，訓練我如何掌握氣氛、演繹知識、互動調整，每次課堂完結我都是汗流浹背的，不知道的以為我完成了什麼驚天的表演，容我自以為是一下：這方面的「表演」工作，我應完成得不錯的！

我曾歸結自己的教學法為「性格教學法」，可用十二個字總括：

建勢、知己、知彼、設疑、互動、重複。

我太好為人師，一聊到教學就愈說愈遠，離題萬丈。正如你來信說，對你們、老師而言，網課確是無可奈何之舉。

我是學院第一個採用網絡授課的老師，並把心得在老師群中分享，頗有點一往無前，無知者無畏的「氣概」。在教了半年網課後，我也工多藝熟起來，無論是對著你們閉屏「黑我發現我們班有很多優秀的同學，不僅學習態度認真，也非常善於幫助同學，像我這樣的學習小白兔就在實體課上收穫多多。同學們的年紀大都比我小，但他們對學習的熱忱讓我也忘記了自己的年紀，那種感染力也是很令我激動的，特別是一起討論功課時，他們腦洞大開、思路清晰，語言表達能力極強，在學習能力和收集資料的能力上更使我大開眼界。在課堂上老師說一個詞，他們能很快地舉一反三，找到相近的例子，還有些同學對查找資料的關鍵字很有方法，知道很多網址，那些困擾我的難題，在他們眼裏就像一個舉手小動作。

我很享受這種沉浸式的學習，可能是因為經歷過很多家庭生活和工作的困擾，難得在學習中找到自我，找到自由的天地。如果您在課堂上看見我的改變，您也一定會為我的改變感

洞」的自彈自唱，還是和你們互動交流，皆由最初諸多不適，到游刃有餘。人生的道理大都如此，事多做幾次，就能苦中作樂，也可尋找變通之法。

而且，網課也有意想不到的功能，就是同步錄影，它不僅錄影，還能根據講者的發言切換畫面，像有專人拍攝，你們可在任時任地都看回教學，這對鞏固教學極有幫助。此外，這些片段也讓我能看回自己的不足。更重要的是，你們這一班熱心積極，反應奇佳，每課都有七十人在線，這應該是對我的某些肯定。

當然，即使後期的網課也上了軌道，但我仍視之為迫不得已之舉。教育語言和平時閒談是有極大分別的，教學需要儀式感，特別是在內容、語速、語調等方面，這需要不同環境的配合，如身在課室、穿著正式，自會進入教師

到欣慰，您知道過去一年的我，被您點名時會緊張得手足無措，生怕丟臉。現在的我在課堂上踴躍發言，積極和同學討論，甚至有點像個孩子，沉浸在學習的氛圍中，感覺真是太棒了。

很慶幸去年有您的鼓勵，我現在自信多了，因為我知道，再進校園是非常難得的事情，我的目標很明確，利用現在的資源，好好學習，不是為了文憑和成績，而是為了獲得內心的滿足，為了自己不被生活瑣事束縛。現在比較困難的事情就是要平衡家庭、工作、還要顧好孩子和自己的學習。面對大小事情集中湧來的時候，我會有心有餘力不足的無力感。好想找到一個好方法，幫助自己在這道關卡中順利渡過。我知道您是一個高效率的人，好想知道您是如何平衡你的工作和家庭的。

經過一段時間學習，我認識自身條件的利

狀態。但網上教學的便利功能，使這條界線模糊了，尤其是談到忘乎所以時，我更像和朋友聊天。所以我一直堅持回校上課，其中一個主要原因是那裏的環境更適合教學，如在家裏、穿著睡衣、看著小孩，教學的質量想必更差。

再者，網課互動性還是不如面對面。後者在教學上能夠看到你們的五官變化，可適時調整教學，並能盡量減少心不在焉的學生的數量。但上網課的大多不知道誰和誰，主動走出來應對的不足五人，每次都要在螢幕前抽點，事倍功半矣。

有時候我會想你們真的在聽書嗎？還是在遊戲、片段、聊天中任意穿插？在面對面時，你們如果分心，是可即時察覺和更正的，網課則除了知道你們在線外，你們一心多用到什麼程度，我是一無所知的，教學後的質量應該是與弊，並能從容地面對各種難題，不再糾結膽怯，敢於提出疑問，尋求最有利的幫助。學習是一種過程，學業是一種表現方式，對生活的態度才是最終的成功，這個認識將讓我受益終生。

想對您說的話有很多很多，希望您有空的時候多回來看看我們，哪怕是在校園餐廳一杯咖啡的閒聊時光，也足以彌補我們網課時未能在校園談笑風生的遺憾。

祝

身體健康！

學生
張瑛敬上
九月二十五日

慘不忍睹。這是我的想法，你是怎樣想的呢？下次來信告知我。

我有空一定回來看看你們，最好在課室讀聊，這不僅彌補我們的遺憾，也能讓我找回做老師的快樂日子！多來信！

祝

學業進步！

邱逸
十月十八日

言傳身教

鄺圳煜同學

敬愛的覃老師：

您最近還好嗎？時光荏苒，幾十年的光陰像是轉眼間就過去了。當年那個愛在操場上追逐打鬧的小孩現在也已經年近不惑，站上了和您一樣的崗位。上次和您聯繫，似乎是我剛畢業的那段時間，不知您最近過得好嗎？

儘管時光匆匆流逝，但我的腦海裏對中學時期的記憶就像堅固的磐石，在時間長流的沖刷中還是完好無缺。還記得中學時，由於調皮的性格，我時常在課堂上鬧事，經常把班裏搞得天翻地覆。每個教過我的老師都一致把我歸類為典型的「壞學生」。雖然沒有明說，但我

每個人都只能陪你一段路

覃一老師

親愛的圳煜同學：

收到你的信，讓我這個兩鬢斑白的老人精神了不少。長久以來，除了你之外，也有不少你當年同屆同學寫信來問候我。能有這麼多學生將我記在心裏，我想這就是對一個老師最好的肯定。我也想先向你道謝，我想這世間沒有什麼事，能比自己的學生也成為老師更令人高興。

還記得我最初以老師的身份踏入校園時，就像剛上戰場的士兵一樣，戰戰兢兢，只能說尚算帶著熱情與信心。我接下了所有學校要求我做的職位，參加了所有我能參加的學校活動，我沒有放過任何一個和學生接觸的機會。

感到不少老師都對我「敬而遠之」。

只有一個例外，那就是我們的班主任，您。您是學校裏唯一一個會讓我認真聽課的老師。無論是壞學生還是好學生，您都一視同仁。每當同學們犯了錯，您都不會責罵我們，而是把我們帶到辦公室，笑著聽我們講完問題，再指出我們的問題。在小測的成績單上，永遠都沒有班排名，只會顯示自己和自己的縱向對比。您說：「無須和他人比較，只要比起上一次有進步，就算是合格的答卷。」每次考試結束，您更會自掏腰包，獎勵有進步的學生，甚至會犧牲自己寶貴的休息時間來幫助有需要的同學補課。您令我真正明白，老師這一職業，不該如影印機一般，把教科書的知識印入學生的腦中，老師本就應當把自己當成教科書。

您開始教我的第一年，我中文科的成績就

回想起來，真是「初生之犢不畏虎」！由於資歷不足，教學途中難免會遇到不少「絆腳石」。有些同學愛搗蛋、有些家長蠻不講理，甚至上司的批評，都是常有的事。但是，我慶幸沒有氣餒，審視自身的錯誤後，再看看有沒有更好的解決方法。每塊「絆腳石」，都是一種磨練、成長。我想這就是把「絆腳石」變成「墊腳石」的道理。我希望你永遠不要忘記初心和熱誠，不要忘記剛踏入校園時那個鬥志昂揚的你。

當然仍有些「絆腳石」，足以令我懷疑這份熱誠。當我教了七、八年後，最初教的學生也紛紛畢業了。他們做了各種各樣的行業，展翅高飛。我和他們的聯繫也越來越少了。以前在學校裏，我和他們可以無話不談，他們遇到困難會找我幫忙，遇到趣事會與我分享，遇到挫折會跟我傾訴。我們像是一個大家庭。就算大大提升了。第二年開學，您在課上宣佈，將科長的位置交給我。這個決定讓全班都驚訝不已，台下立即議論紛紛。您沒有說話，只是穿過層層的議論聲，向我投來信任的目光。您知道嗎？老師，對我來說，那目光更像是救贖，救贖一個整天不愛學習，自以為是，渾渾噩噩的小孩，讓他確立了人生的目標——成為一名老師。自此以後，我像是變了一個人一樣，對生活燃起了鬥志。

最後，我終於成為了一名教師，我也希望能像當年的您一樣，指點、開導我的學生們，不僅要教會他們知識，更要用良好品格和態度去感化學生，所謂「言傳身教」大概就是這個道理。我希望不僅讓您教給我的知識流傳下去，更能讓您的這份師德薪火相傳。

剛畢業時，他們也會跟我聊聊天，分享一下日常生活。但從某個時候開始，我們的聯繫慢慢減少了。從以前的無話不談，變成了最多只有節日時的幾句問候。當我意識到這一點時，那種「被拋棄」的感覺讓當下的我難以接受。

但是，再怎麼無法接受，生活還是要繼續，工作也要繼續。一批批的學生走了又走，換了又換。經歷過一次次的離別後，我才明白到：告別舊的事物，迎接新的未來，這是同學和老師的必經之路。我很喜歡這一句話：「每個人都只能陪你一段路」。我們作為老師，而且只是中學的老師，能做的就只是陪伴他們走過學生時期這段路。就好像你在全球各地冒險，穿過浩瀚無邊的沙漠時，有人為你送來水和食物，幫助你走過茫茫的沙漠。當你走出了沙漠，

祝

身體健康！

學生

酈圳煜敬上

八月八日

不得不和他們揮手再見時，你也會心生不捨，但還是要繼續前行，因為你的目標並不止於此。同學逐漸和我們少了溝通，並不代表他們忘恩負義，這只是成長的「副作用」，是學生們正在前行的象徵。希望當你的學生們也開始背井離鄉，各奔東西時，不要覺得不捨，不要覺得失去了他們，你已很好地完成了職責。當然，我相信大部分同學在春暖花開的時節，綠樹成蔭的草地上休息時，也能時常憶起當初他走過的無邊沙漠，以及曾與他並肩而行的老師。

天道酬勤，共勉。

覃一

九月十日

十年夢

林芷琪同學

親愛的楊老師：

盛夏飄著微雨的晚上，我揹著早前為完成表達藝術治療碩士畢業論文而借來的書籍，走在香港大學的校園裏。隨著腳步遠離通往港鐵站的道路，人流漸漸稀少。看著空蕩的中山階，眼前浮現剛成為社工系新鮮人的片段，也出現中學時，曾在這個校園進行「粵劇小豆苗計劃」結業匯報的情景。那些年充滿熱誠、滿臉笑容的女生，今天撐著雨傘回憶過去，默默想起那位在中學推動粵劇與中文教育的您。未知老師近來是否一切安好？期待新學年的開展嗎？未來這一年有什麼藝術、文字創作相關的計劃期

明月如霜照舊夢

楊慧思老師

親愛的芷琪：

中秋佳節，市面似乎回復昔日繁華熱鬧的氣氛，各人忙著吃團圓飯、送月餅和賞月，人們漸漸從疫情的陰霾走出來，而我則坐在窗前沉澱思緒、尋找片刻的寧靜。翻開你寫給我的信箋，心裏有說不出的悸動。

華燈初上，窗外一片綠林竟是白鷺群棲居之地，暮色中牠們閃耀潔白的翅膀，彷彿綠樹上掛滿了白霜，蔚為奇觀。中秋節晚上，沒有刻意追隨月亮的蹤影，我的心情跌宕不安、思潮起伏，因為一位親人溘然辭世，令我悲慟不已！我猛然感悟生命無常，決定要好好珍惜身

望實踐？雖說於社交平台上，我們也會留意彼此的近況，但在我走回家，決定抓緊這份思念認真地構思、下筆寫信給您的此時此刻，心裏實在泛起太多的思緒和感受。除了有份莫名的興奮，也想起近來在工作、夢想的迷茫，渴望能夠與您透過文字一一傾訴。

時空飛返十六年前，我們相遇於中一的普通話課，但直至中二那年的「粵劇小豆苗計劃」才讓我們真正彼此認識，也讓我看到您在課堂以外對藝術的要求、嚴謹與尊重。因著粵劇，這十多年間我們交流與合作不斷，也見證著大家的成長與成就。當中最經典的時刻，莫過於我們獲邀到香港大學校長宿舍內分享「粵劇小豆苗計劃」。當時除了香港大學校長、計劃的總監、委員、劉千石先生，還有粵劇名伶白雪仙女士在場了解我們的學習與得著。當日我被

邊的一切人和事。遠眺對岸萬家燈火，驀然憶起往昔的種種，腦海中定格的畫面，正是我教學生涯中最值得回味的片段……

我和你的師生情緣早在十六年前開花，那時候的你是一位羞澀的初中女孩，滿臉純真稚氣，束著兩條整齊黝黑的孖辮，很是可愛。知道你小學時已經學習粵曲，所以邀請你參加「粵劇小豆苗」課程。雖然我是你的老師，但對於粵劇，自覺是白紙一張，你對粵劇的認識一定比我豐富。那時候，我懷著戰戰兢兢的心情，和你們一起學習，一同成長，教學相長，我們師生不分彼此，砥礪切磋，那些時光是如斯的難忘，如斯的珍貴啊！

還記得第一次到香港大學匯報學習成果，你負責朗誦我寫的《亂世情詩：帝女花》，我非常感動。但要數最經典的時刻，當然是那次

安排於嘉賓面前演唱《帝女花之香夭》，要知道在原唱者面前演唱歌曲是多麼讓人緊張的事啊！強裝鎮定的我演唱著，盡力舞動著暗暗顫抖的蘭花手，在您的陪伴下完成了這個畢生難忘的經歷。此後，因著您的緣故我透過報章專欄分享學習粵劇的心路歷程，後來更獲結集成《粵劇習記》。雖然我在二〇一一年獲得校際粵曲比賽亞軍後，因聲帶發炎及面對高考需要暫且放下我所愛的粵劇，然而這個挫折反倒讓我重新反思藝術與生命之間的關係：去除這個從小到大的粵劇標籤以後，我期望成為一個怎樣的人？到底藝術如何塑造我的生命？在大學修讀社工系的旅程，我得到誠實面對與重新認識自己的機會，也在學校的選修課和海報中得知戲劇治療、表達藝術治療的存在，給我新的目標與方向。

獲香港大學吳鳳平教授邀請，在徐立之校長的府第，你站在粵劇泰斗白雪仙女士面前的表演了。事隔多年，我仍牢牢記得你穿著真光藍布長衫，束著兩條辮子，不慍不火地在白雪仙女士及眾嘉賓面前演出的情景。你一人分飾兩角，以平子喉演繹《帝女花之香夭》，還配合做手及表情，一曲唱畢，掌聲雷動。我看到白雪仙女士欣慰的眼神，她給予你許多寶貴的意見及鼓勵。那次表演讓我真正感受到什麼是粵劇承傳，文化瑰寶就是通過活生生的接觸，一代又一代地傳承下去，這樣才能燃點更光更亮的火花！

從你進入香港大學，直至你成為社工，你寫下了十年夢。而我因為粵劇教育，開展了兼讀博士的生活。我在真光中學負責語文科粵劇課程，因利乘便，《粵劇在香港中國語文的現在的我是一位社工，也即將成為表達藝術治療師。有別於傳統的個案、小組工作，我主要透過藝術與一班滿有熱誠與夢想的長者互動，陪伴他們經歷藝術的可能，追尋年輕時未能接觸的夢想。在見證他們用心追逐夢想，同時經歷三年表達藝術治療碩士以及新冠疫情的洗禮後，我重新檢視生活、信仰、夢想、家庭、工作的定位。當我開始正視上帝的呼召以及內心的聲音後，隨之而來是與他人期望不同的掙扎。對於從小到大都希望乖巧地跟隨別人期望，讓他們開心的我而言，勇敢說出自己的想法實在需要很大勇氣。

說起與別不同與創新，怎能不提及您呢？在日常的教學以外，以詩人身份分享美麗的詩篇，推動歷屆學生創作新詩，於粵劇小豆苗開拓學生對粵劇的認識並推動跨媒介創作，更透

跨學科課程與評估》也成為了我的博士論文研究範疇。粵劇是香港第一項世界非物質文化遺產，讓學生認識本土文化，通過粵劇教育深化語文學習，傳承中國文化及價值教育是我的研究目的。

在研究過程中，我遇上重重困難，面對一次又一次挫折及挑戰，我有無數次想過逃避，但當我想到我的學生們，在學習粵劇期間面對百般艱難卻沒有退縮，作為老師的我又豈可輕言放棄呢？而且我內心充斥著一股強大的力量，我一定要將你們學習粵劇的心路歷程記錄下來，並公諸於世，我的論文正是你們成功學習的印記。全因為這份動力，我堅持了九年，千帆過盡，終於取得哲學博士學位。二〇一八年十一月，當我身穿博士袍，手上握著畢業證書，那份喜悅與激動真是筆墨難以形容呢！芷

過此計劃進行長達十年的博士論文研究，並於去年成功出版自己的論文書籍。到底十年對一個人有著什麼意義，能盛載怎樣的生命變化？這十年來的我曾迷失於表演藝術，後來在社工的學習旅程中找到屬於自己的新目標，並投身表達藝術治療的領域，把心理治療、藝術以及粵劇結連，最後以「粵劇融入表達藝術治療——改善輕度認知障礙症患者認知及生活質素的個案研究」為題作為我的畢業論文研究。回望過去，除了充滿著上帝恩典的記號，也藏著每一個良師益友的足印、啟發與勉勵。您對藝術的熱誠、對學術研究的堅持與認真，都成為了我的模範與勉勵，在我迷茫的當下帶來了希望。

生命變幻莫測，善用自己對世界的敏銳與感知，透過不同類型的藝術記錄生活並活在當

琪，你知道嗎？你也是推動我完成博士學位的重要功臣啊！

我知道你現在是一位社工，即將成為表達藝術治療師，我非常雀躍，也為你感到驕傲。你性格隨和、願意包容忍耐，也體恤別人的需要，服務長者最適合不過。能夠將自己的興趣融入工作，是最幸福的事，希望你以自己的藝術素養為別人建構健康的心靈。

芷琪，另一件值得高興的事就是我的博士論文出版了，書名為《飄渺間往事如夢：粵劇教與學》。我們師生不謀而合，都喜歡做夢。我攻讀博士就好像發了一場夢，開始時懷著滿腔熱情如「幻夢」，之後在研究的海洋游弋、摸不著邊際、載浮載沉是「惡夢」，最後取得博士學位當然是「美夢」。歲月在飄渺間匆匆流逝，而我的記憶仍深深刻鏤著我們在「粵劇

下，或許就能給自己養分繼續堅持下去吧！這是我最近給自己的勉勵。期待能夠收到老師的回信，讓我們能夠在藝海裏持續尋索，用心活出最好的自己。

祝

身體健康！平安順心！

學生
芷琪敬上
九月四日

小豆苗」編織的夢！

去年十月，我在油麻地戲院舉辦了新書發佈會，雖然疫情嚴重，有很多限制，可幸發佈會依然能順利完成。我要衷心感謝你的支持和參與，作為第一屆「粵劇小豆苗」的大師姐，你為大家分享學習及成長歷程，我還記得你說粵劇如何影響你的生命。從你身上，我深深感受到粵劇對個人性格的薰陶，你優雅不凡的氣質相信也是來自傳統文化的藝術底蘊。那次新書發佈會的主題是「粵劇情緣、永恆不滅」，我們的師生的情緣終於結出豐碩的果子，而且將會繼續開枝散葉。

夜色漸濃，我終於看到盈盈朗月高掛天上。中秋節的晚上，充滿對親人的懷緬及對往事的回溯。我一直喜歡寫詩，現在更埋首粵曲填詞，我會努力嘗試開拓新的視野。回望過去在粵劇教育的點點滴滴，頓覺「飄渺間往事如夢」。芷琪，我衷心感謝你為我圓滿了這一場美夢！希望你繼續堅持自己的夢想，期望下次收到你的來信，你會告訴我你的夢想已然實現。

祝你

工作愉快！身心健康！

楊慧思

九月二十一日

中秋節

工作與生活，如何平衡？

葉翠明同學

師父：

很久沒有寫信給您了，除了在學生時代有些文章寫出我真實心聲外，這些年都沒有一些比較長篇的文字交流。回想起，當日修讀中六文學班的同學一共有十三位，現在已各有自己的歸宿，有些更加和我是同行，即是教師。與他們在課堂上嬉戲，彷彿都是昨日發生的事。

今時今日，您已貴為一校之副校長，而我仍在教師的基層庸庸碌碌，好像是跟隨著您的步伐，又好像不是。很多時候，我很晚才下班，完全顛覆了我對教師上班工作時間的想像：我記得讀中學時，放學的時間是3:35，有一位男

生活平衡此中尋

王文翔老師

翠明我徒：

真的很久沒有和你在紙上閒聊了，三個徒孫可好？在這個普天同慶的平安夜才能回覆你的來鴻，可見我實在沒有太大的資格回應你的「Work-life balance 理論」，不過我這個賣花老頭雖然只能插竹葉，還總是有些挑花攞賣的心得可以和你分享一下的。

浪蕩江湖二十多年，看盡風景萬千，我覺得 Work-life balance 的精粹在於一個字：Work-life！這可不是捉字蝨，卻是鐵一般的事實：與其勉強平衡，何不乾脆合二為一？Work 中有 life，生活的伙伴就是工作，但工作

老師和我差不多每天都能 3:45 一同到達同一個小巴站，我等車去補習社，他等車回家。到我做老師時，為何 3:45 去不到小巴站？甚至 4:45、5:45、6:45 也未能踏上歸途？

現在，Work-life balance 好像是整個社會的潮流和口號，因為人生不是為了工作，還是要生活的，要多陪陪家人等等。我完全明白說的是什麼一回事，因為如果突然遇上意外或者病患，那麼工作就變成了最沒有意義的一環了！人應該多花時間在重視您最珍惜的家人和朋友身上。但是我問自己：如果這是真的話，那麼我辭去工作，天天在家中陪伴家人，只做自己喜歡的事——閱讀、聽音樂、有時到超市和公園逛逛，豈不甚好？但這樣的話，生活上的所需就沒了著落，那麼請問友方同學，錢從何來？（還記得是您教我的辯論套路

也不忘生活的優雅；快樂地過生活，總比拚命去生存來得愉快，也容易平衡心態！與其渴望被人成全，不如來個有機結合、自然聯繫，自己享受自己的成果，努力做人又何需氣喘呢？好像近年來興起的斜槓族（Slasher），雖未能賺盡萬金，卻能在忙碌中找到自身的價值，甚至是靈活地掌控時間甚至人生，這才是真正的 Work-life balance 呢！

還記得梁啟超先生的名篇《最苦與最樂》裏面百丈禪師的名言：「一日不做工，一日不吃飯！」坦白講，我們既非富二代，不做工哪來飯吃？這條比鐵還硬的定律，早已為我們的人生打下了堅實的注腳！

但另一方面，百丈禪師套路之深，就連這位自稱「飲遍冰室無敵手」的飲食界 KOL 也被蒙了：善信們甚至徒兒們其實早已為禪師備

嗎？）所以，我從來都不相信這一套，Work-life balance，見鬼去吧！那些在年老時有 life 的人，如果他們在年輕時沒有 work 過，又怎會有金錢和閒情可以享受退休生活呢？不用常常擔憂茶米油鹽？可以常常去個旅行散散心、種花養鳥增情趣？所以，所謂的 Work-life balance，應該是以整個生命來說，前半生只要身體不出問題就努力地 work，下半生才有 life，加起上來就是 Work-life balance 了。

因此，我總是努力地完成學校的工作，即使是艱難的、我沒有興趣的、額外的，有時我感覺筋疲力竭，拖著累得不能再累的腳步回家，第二天我還是打起精神上學去。但我有時會問自己，這樣真的能像您一樣，堅持到二十年或以上的教學生涯嗎？

我懷念學生時代的單純、天真，與老師的

好三餐，只要禪師一出手，或化緣、或掃地、或敲經、或唸佛，忙碌過後就可果腹，不單 work 中有 life，更為子弟們活出好榜樣，兩者完全 balance，簡直就是完美，就是幸福生活的典範！

或許你會說：這樣的生活既不掙錢又朝不保夕，很沒有安全感呢——然而富貴從來險中求，刀口上生活自然就要「搵命搏」，怎能又要馬兒好又要馬兒不吃草呢？所以你又說：「前半生只要身體不出問題就努力地 work，下半生才有 life，加起上來就是 Work-life balance」。然而何謂「只要身體不出問題」呢？你我不是機器人，無日無夜地煎熬，身體怎會不出毛病？我見過很多人此刻壯健如牛，下一秒已一臥不起。

既是「做又死唔做又死」，那應該如何是

情誼，與同學的相交；我懷念上您課堂時，您精心製作筆記，讓我們理清所思所想，把您所知所想的毫無保留全然相授，面對公開試時對我們耳提面命，鞭策督促。今天，您可否再一次分享您的看法，解徒兒之惑？

徒
翠明上
十二月一日

好呢？我認為首先是看清目標，以終為始！我年輕時不知就裏，東湊西拼、左搖右擺，自以為瀟灑，結果走了很多冤枉路！其實早些訂好目標，與自己的生活契合，終有一天就會自然走上人生頂峰，卻又不失平衡！好像國學大師牟宗三老師和「Holly Hu」胡秀英教授，都是看清目標，以終為始的典範，結果不單成為了學術界的翹楚，且又不失 Work-life balance，更能得享天年呢！

其次就是心無旁騖、一往無前！李白遇到專心的老婆婆，雖然未必真的能夠成功將鐵杵磨成針，但起碼曾經名揚天下！尤其是在這個五光十色、變化萬千的社會，稍一分心便會遠離目標，差之毫釐更足以謬以千里！

最後就是反覆操作，終成大器：找一個好的師父去跟從，不斷練習、不斷優化，功夫和成就就會慢慢「浸」出來！所謂「九層之台，起於累土」，禪師年輕時的潛心靜修和拂拭塵埃，都是堅實的功夫。「不經一番寒徹骨，那得梅花撲鼻香？」由當日的小沙尼成為今日的大師，一點一滴都是累積！你看看深水埗明哥憑著善心與北河街的人同行，沈金康教練一天又一天默默地為一代又一代的車壇培育新血，就是香港單車壇的無名英雄，work-life 固然 balance，更成為了心靈比肉體更富足的巨人！

Work-life balance 其實不只是一種生活態度，更是一種人生目標——不要把自己搾乾了、患上工作倦怠病（burn-out）才後悔呀！我也懷念做老師時與你們的情誼，與你們的相交，與你們的經歷！但有幸當上了副校長，才知道教學與行政工作的平衡更是非常重要——這也算是另類的（administration）work 和

（teaching）life的balance吧！齊齊加油吧！

祝

Work-life balance！

王文翔

十二月二十四日

日常與偶然

區寶文老師

親愛的皓妍同學：

時光荏苒，有幸再來一趟師生對談，今回先由我發文，究竟要跟你談什麼呢？經歷這些年，我快要將「不惑之年」走到盡頭了，然而，對於生命我真的能夠篤定不惑嗎？還是會懷疑人生呢？就讓我在這裏跟你分享一些想法。

猶記得數年前，你大學畢業後成為老師，閒時在報章上分享教授一群有特殊需要少年人的心得。讀著這些教學小品，發現你如往昔一樣，抱著嚴謹與認真來追求學問，也欣賞你靈活用心的教學。後來，你告訴我要辭去日校教席，嘗試在不同層面進行教育工作。老實說，

斜著活

吳皓妍同學

敬愛的區生：

收到您的來信，尤其讀到您疑惑到底將過「不惑之年」的自己是否當真不惑，欣喜莫名。為著自願陷入疑惑的您欣喜，更為看見這個一如既往喜歡沉思的您欣喜。

到了事理明達的年紀便不致迷惑，孔子此語好像理所當然，可是，生活中如果遇上以為自己雙眸足以洞明一切世事的人，我會極恐，恐他們把自己悟到的點滴說成金科玉律、晚輩誡命。世上有一種「惑」，來自願意追尋真理的謙卑，而待在成熟之年久已，老師仍能虛己反思，**實讓我覺得這些年沒白喊您「老師」，**

當時我心裏一沉。何解要放棄穩定而且讓你有所發揮的事業呢？只要再過些日子，累積了經驗，再加上你不懈的追尋，定可以突破常規教學，帶來新氣象。然而，你說「制度束縛」讓你最難受，你還是要尋覓多一些不同的嘗試，豐富自己經歷。就這樣你展開了「斜槓人生」，而我也開始對這種人生多了幾分注意。

正當你邁步「斜槓人生」之時，一場疫症來臨了，一切原定工作需要停止放下。那刻，我立即想起小妮子的工作如何呢？不久你即傳來消息，告知工作雖有困難，但仍是不斷。縱使無法帶領學生實地考察，但可以現場實時直播導賞；不能面授形形色色的工作坊，卻可騰出更多時間撰寫供學生自學或老師教學的教材。當然，疫情緩和之時，又可以到學校舉辦一些藝術手作坊，一方面讓學生學習文化，同

更沒有白白把自己斜槓生活的瑣事分享錯人。

離開日校，除了您，不少關心我的長輩也會疑惑到底我能否「三十而立」。其實我自己每天都疑惑一次這個問題，但當看見您寫斜槓生活「不是人生目標，實在是一種生活態度」後，我忽然很清晰：這是生活態度，也是人生目標。斜著活的我，是為了重新整理與平衡世人所謂的「日常」和「偶然」。

對，可能我生來就不是個一天必須吃三餐的人（如今不吃那麼多食物金字塔建議的澱粉質，一日不足吃三餐，我比中學時期健康不少），而社會建議的「日常」令我沒有安全感：專注一藝，擁有日校老師這所謂穩定的全職工作令我憂懼難安。在我看來，這是孤注一擲，不停鑽深扎根，漸漸動彈不得，而身邊無論土壤變得如何也要迫著吃，「偶然」養分可能好

時也抒解疫情下的桎梏心靈。你在逆境裏努力地掙扎，讓我大開眼界，多理解了何謂「斜槓人生」。那不只是人生目標，享受無拘無束的自由，實在是一種生活態度，從多方面實踐人生理想。現今世代的難處是周遭環境不穩多變，難以駕馭；但同時這年代也有資訊流通、科技先進之優點，這正好為「斜槓」提供了條件，讓人類靈活應變，不再以單一、固定路徑達至人生目標。

不再以單一、固定路徑來達成人生目標自有其好處，可免於在挫敗時落入思想「死胡同」之中。不過，我仍是糾結你曾說的「制度束縛」。這種感受實在普遍，不獨是你一人的想法，而且制度的限制也實實在在活現在生活每一處。當然這可以是長篇大論的大課題，不過我還是想細談關於日常生活。經歷了這幾年香

港，看到很多人都有不同的選擇，在這動盪的環境下，或離開、或留守，每一種選擇都有其原因。

些，但在悠悠人生中，無論我愛不愛自己佇足的環境，卻早已泥足深陷。每每思及如此筆直地站在原地，我都夙夜難寐。

近來愈發愛宮崎駿電影《哈爾移動城堡》，每看一次都覺得自己是哈爾——一個為了逃避凡塵、逃避國王戰爭徵召的魔法師。城堡之門是隨意門，每一調較，便是不同的新天新地。「為了自由生活，我有很多名字。」小時候沒有注意哈爾此語，如今竟覺這是我最深的心底話。我和哈爾其實都不是不談責任感的人，我們拚命把自己日常生活的偶然性調高，與其說為了「立」，不如說為了「不倒」。

社會制度構成了多數人生活的「日常」，而事實上很多制度的產生，原是為了便利人類發展，平衡各人的責任與利益。在科技與通訊落後的年代，早上某個時間世界就會開始上

港社會與世界的變遷，我有一些體會，就是生活裏有所謂「日常」與「偶然」。前者就是每天的起居飲食，工作休息，看似刻板重複，卻是實在而必要，它是人賴以生存、驗證自身的存在；後者或源於個人遭遇，或受周遭影響，偶爾於生活中擊起巨浪，卻又浩浩蕩蕩難以躲避，讓人感受活在時代洪流之中。徘徊在「日常」與「偶然」之間，容易讓人心緒跌宕起伏。此時，我回顧歷史，想想前人是如何在天災戰亂動盪裏活過來呢？他們是否時時刻刻走在最前線？是否整天慷慨激昂，東奔西跑？我想這些場面不會是「日常」吧！正如抗日戰爭期間，不少學校師生逃難至大後方，仍會竭力重開學校，進行日常教學。著名的學府如國立西南聯合大學，就是由當時北大、清華和南開所組成的；錢穆先生在逃難中也日寫筆耕，撰寫成

班，而集合一起生產，固然令效率提升；在技能及知識未開始被人工智能ＡＩ漸漸取代前，人類的孩子在某時辰須要完成某種學業進度，固然是他們未來踏入社會的最佳裝備……到現在，其實許多制度都追不上現實發展，但我不怪它們，因它們是人類集體生活磨合出來的社會常識。「日常」要容易被大眾跟隨，固然要規條化，就像筆直挺立的垂天之樹，需要扎根在泥土深處。不過，當發現參天古木未必經得起現代的颱風，有時連自己身上的果子葉子也未必個個供養得好，我不能不疑惑。香港人工作四十四小時叫做中位數，孩子上全日課七至八小時後回家再多做幾小時功課及溫習叫做合理……制度好像能令人堅毅而勤奮（應該是，至少我和您算是），但這是人生最平衡的狀態嗎？

《國史大綱》一書。由此，我漸漸疏理出在激流與平順江河之間站立得穩的一些方向，那就是好好吃飯，踏實完成每天該作的工，簡單來說就是盡力按日常的方式過有紀律的生活。

當然，那是只生活秩序的一面，然而心靈思緒又該如何處理？在動盪處境裏，我們會有許多思慮，對人對事甚或很容易立下判斷。我想《聖經》所說的話是很好的提醒：「你要保守你心，勝過保守一切，因為生命的泉源由心發出。要離開歪曲的口，轉離偏邪的嘴唇。你的兩眼要向前看，你的雙目直視前方。要修平你腳下的路，你一切的道就必穩固。不可偏左偏右，你的腳要離開邪惡。」（箴言 4:23-27）我們可以明白造物主早已將明辨是非的心安置在人心裏，所以我們會責備不公不義之事，懷有負面情緒，這實在是人之常情。然而，我們

假如我是日校教師，我會擁護日校制度，不停擴展「留著學生學習」的時間，支持全日上課後再補補課，維持學生成績，確保來年收生或政府的資助；假如我全職經營補習社，我會希望所有學生夜以繼日補習；假如我全職經營旅遊公司，我會希望人類從零歲開始不加思索瘋狂旅行至一百歲；假如我是全職出版人員或翻譯，我會希望所有機構不停出版宣傳，多多製造實屬紙張浪費的廢話；假如我是全職手作師，我會希望人時刻參與藝術班，草草製造可以當作垃圾的作品……以上職業，其實全都有益於世界，但「港式」全職，我實在懷疑有多大益處。於是，我只好斜身而立。

快將三十，再非少年，如此斜立，想想也知道腰痛腿軟，但奈何只有斜著平衡，我才覺人生平衡：適當時，以自己的公司做重質不重

量的文化及教育活動；適當時出版教材，寫作自己的真心；適當時補習，救救想自救中文成績的孩子；適當時教人手作，讓藝術品帶著反思……只有如此站在人前，遇上我的人才不致覺得我苦悶，我自己也不致討厭日常，每一次都重視每一次工作的意義。斜著站，的確會搖晃，偶然一頭工作重了或輕了，便要立即換個姿勢撐著，否則會倒下。不過，這讓我有足夠的練習，面對永恆地變幻的世界。世界變得很快，也許教育制度也許應該「偶然化」，變得時間上更自由、訓練上更靈活，我們的孩子才能在長大後，習慣因科技而高速搖滾的世界。

制度不易變，但個人易變。老實說，整個中學時期我都在失望。失望的是，雖知學校的「大人」都是好人，卻沒有一個是我未來想成為的人。後來，即是從大學時到現在，我不停也不得不清楚一個現實：正義和罪惡是並存的，而罪惡亦不會選擇只站在壞人一方。人是軟弱和有限制的，因此我們要儆醒，常常躬身自問，無論作什麼事，當中有沒有罪惡的意念在滋長，成了咒詛的話和傷害別人的行動呢？若不幸落入這些試探中，我們就當立刻停止自負自義，唯有這樣才能擺脫罪惡轄制，重回正道，不致傷害自己和身邊的人。

淺談至此，我仍沒法回答當下對生命是能夠篤定不惑，抑或仍抱懷疑。然而這不要緊，重要的是我們能真誠面對自己，對確信的，我們持守；對未知的，我們尋問，一步一步走下去，就能明白更多人生的奧秘。縱使我倆的人生歲月有差距，但讓我們也同走這路，不分先後，分享所思所想，成為彼此生命的滋養。

區寶文
十月

尋找，直到自己點頭。世上果然有很多斜得帥氣的例子，有日校老師／作家，填詞人／廣告公司老闆／出版人，唱片店老闆／活動策劃公司職員，紅酒店老闆／空中服務員……看著他們每個人別具特色、像藝術品一樣不能複製的站姿，我親眼目睹「一花一世界」為社會帶來的色彩。後來又喜歡上閱讀 Elon Musk（SpaceX/Tesla/SolarCity……）的傳記《矽谷鋼鐵俠》，我認識到斜得狂的人，可以為看似正直、沒什麼大問題的世界帶來巨大進步。由此，衣帶漸寬終不悔，我加入斜立之列，平衡自己生命中各個重要部分，更希望啟發在日常制度中生活卻站立不適的人，不要放棄找出自己最不夭斤斧、最自然而然的站姿。

我常對在課堂、講座或在不同地方接觸我的孩子說：「我是自己的老闆，剛好現在是你的老師。」我感恩現存的制度給了我一些基本生存能力，我感恩自己不適應筆直地立於制度，我感恩漸漸可以用自己的日常，自由地練習如何適應偶然。現在的我，只想讓孩子看見不一樣的站姿。我不像樣的站姿也許有點像八爪魚，但我每隻腳都能抓緊泥土，貼地得很，也沒什麼不穩。成為一個小小的例子，也許就是這幾年的動盪與疫情中，我認為應該一直做的事。

很高興能藉此書信與您一起反思「日常」與「偶然」，以及自己認為正確的事，在洪流中應該做的事。人生斯世，孰能不惑？人有注定疑惑之時，有倒下不立之時，因此，願此信能成為未來我們堅持挺立的動力。

皓妍上

夏末初秋

別來無恙

許琬瑩老師

詠欣：

已經有好一段時間沒有和你以長文字交流了，很多時在短訊中也只是短短的，匆匆的，或者只是以表情符號便交代了近況。知道這次徵信的機會，覺得是一個契機，讓我可以認真地把一些感覺很好地整理，也提供了一個可以和你再度用文字交流的機會。

記得以前，應該是十多年前吧，那時候和你在教室相遇。有時候和你在課後聊聊天，你問及我有關生活、人生的問題，我這個也不出三十歲的新報到老師，竟然可以侃侃而談對於生命、生活的看法，想起來也有點慚愧，因

別來無恙

鍾詠欣同學

Dear Miss Hui：

謝謝您的信。這些年來，雖然互相寄過不少明信片，但是這樣認真地為彼此寫一封信好像是第一次。現在您再不是老師，我也不再是學生，下筆時的心境也與從前不一樣了吧。

忽然想起您寄給我的第一張明信片，正面是宮古的海，背面寫的最後一句話是：以後有機會，你們也一定要到外面走走。十年過去，偶爾會有自己是否在原地踏步的恐懼，也不知道我到底走多遠了。

我曾經一度很喜歡大海。中一那年，有一位老師上課時問我們，喜歡山還是大海。她

為我竟然把人生說得如此輕易，說什麼努力加油，說什麼要相信夢想。

後來，離開和你相遇的學校，我輾轉到另一家學校任教，感謝你是一個非常重情和認真的人，之後幾年仍有電話聯絡，有時收到你在外地寄來的明信片，心頭總是一頭溫暖。那時候，你上了大學，面對新環境、新衝擊、身處競爭強烈的學系，你常覺得自己比不上別人。那時候，我只是輕易地說不需和別人比較啊，要相信自己啊等等說話，現在回想起來，我彷彿還是帶著老師的身份向你說教。

近幾年，我離開了學校的工作。失去一份正式的工作，我的心一直到現在也很不安穩。離開了教室，我才發現要在社會穩住地立足是一件難事；離開日校老師工作，我才知道十多年前和你說的「努力」和「夢想」是多麼的空

說，仁者樂山智者樂水。那時候，我以為自己是個有智慧的人，幻想自己可以聰明地令所有事情迎刃而解。雖然已記不起具體的言語，但這大概是我後來對你說那麼多和人生有關的話的原因吧？後來，當我發現自己需要時常祈求好運，並依賴那些脆弱的偶然去渡過難關時，我就不再像從前那樣妄談人生了。

至於老師您，我已經記不清您所說的說教了，我只記得曾經閱讀過您的文字。文字裏，有您在工作時與人發生爭執，決定離開時的心情，也有您做每一份兼職時的觀察和體驗，有您在柬埔寨做義工時看著當地人笑容而獲得的快樂，也有您因來自他人的善意而手足無措的時刻。不知道我有沒有提過，我其實很佩服您，您的文字裏有莫大的坦誠與勇氣，這一點是我在過去很多年裏都沒有做到的。

泛。現在，我只做兼職和其他單份工作，收入也許比你更少，很多的負擔都隨著收入減少而至，連同不知前路的迷惘等等問題，一個又一個具體呈現，每天壓在我身上。我不想回到過去生活，但我也不知道以後的路怎麼去行。我已經不再是能和你談夢想的老師，因為我已經不太懂得努力生活的意義，每一天也覺得走得有點吃力，覺得不知道在追趕什麼。

然後，想起以前自己的執念，覺得你是和人比較才生出不開心，便叫你不必去和別人比較，到今天，當我離開學校，走到社會，我每天也在和別人比較時，每天害怕自己某一天會被淘汰時，我才明白自己當時把話説得多麼輕易。人又如何不能和別人比較呢？我實在是不夠體諒，只懂得叫你做什麼什麼，卻不嘗試多問你的感受，甚至不曾相信，也許，其實你心

以前，寫過很多為了應對考試、功課的作文，但我幾乎從不去寫真正發生在自己身上的事。人對這個世界不夠信任時，總習慣用虛構的情節保護自己，有時候，又會為了讓自己好受一些，用一些美麗的細節或修辭去欺騙自己。直到那一年，那位中一那年認識的老師離世了，有一天我突然在想，我再也沒有機會用文字完整地告訴她我的想法和感受了。有一段時間，我除了學校論文外什麼也不寫。後來，我開始逼自己試著把事情寫出來，不是描述感受，而是要盡量具體地說清楚發生了什麼。當很多難以啟齒、不想面對的事變成文字時，感覺就像浮在半空中審視自己的悲傷與難堪，我漸漸領悟到，也許敘述本身的重量和意義，在於觸碰且面對真實。

這些年來一路跌跌撞撞地走到現在，看不

中已經自有想法，也許，你說出來只是想我聽聽，也許，你只想我關心你打算如何……如今，我實在不知道。當我離開學校越久，我的無力感只有越益增加，我開始不知道如何回應你的苦惱，因為同樣地，當我感受到你的苦惱時。我們已經不再是師生，我們已變得一樣，同等地生活在這個必需要掙扎生存的世界。

看到你有時候會把自己逼得太緊，也會思考得很認真，就如這次徵信一樣，當我邀請你時，你第一句便說擔心自己寫的文章不合規範。這些來自你的認真，成就了一個獨特的你，但同時有時候也讓我有點擔心，正因為你的認真和重情，在日後也會否令你感到越來越透不過氣呢？每次和你交談，你也會說出一些我已遺忘的回憶。你的好記性，可以為你帶來很優秀的能力，但同時也可能令你沉重，不能遺忘

見終點，只知向前。不只是做不到完全接受自己，連用平靜的目光注視自己也很難。總會怪自己沒有竭盡全力，偶爾又覺得不應該過於苛責自己。能在這無數的掙扎和自相矛盾之中存活下來，可能也不算是一事無成吧？如果從文學的角度去看，或許越是處於混亂無序之中，越是接近這個世界的真實一面？感覺我的這些瑣碎而無聊的想法，也塑造了如今的我，所以即使覺得沉重，我也不想否定和厭棄這樣的自己。

去年看的電視劇裏，有一幕是傷心的女主角無意間傷害了朋友後跑到高處，鏡頭的一半是天空，一半是海，她站在那之間痛哭。也許那一幕的天空實在太美了，我忽然想，這個世間如此寬闊，大概，無論如何也還是可以容得下我這樣的人吧。

一些留過下來的傷害。現在若你再問起我有關人生，我想，我再不能說出什麼要你努力的言詞了，因為我也不想努力了。我只希望你能好好保護你內心的平安。要快樂，你要快樂，不要忘記好好欣賞自己，看好自己，肯定自己，少些否定自己，要去看清楚對人如此真誠的自己。

你已經很努力。你一直也很好，以後也要繼續安好。

曾經的老師
許琬瑩
八月十四日

能夠和您保持聯絡到現在，對我來說是一件很神奇的事，像我曾經說過的那樣，人與人之間的羈絆很珍貴。差點忘記了說，您的畫也給了我很多啟發，有時候看見您的畫，我會想：我也要努力成為一個擁有更豐富內心世界的人。但願我們都能夠獲得迎接這樣一個世界的耐性和運氣。

永遠的學生
鍾咏欣上
八月二十三日

Daily Life

書中自有顏先生

林建平同學

敬愛的顏老師：

生活一切安好？看完老師的散文集，我終於明白為何您能夠看完我的小說。我們的重遇有點老土，是「因書際會」。我這個輕易隱沒在空氣中的庸輩，在十二月的某個晴天，重回聖保羅書院伍廷芳圖書館，尋覓闊別十七年的中文科老師，而您看見我，竟然能很自然地說出我的中文名字。

重遇比起別離沉重，別離可以輕盈，重遇卻需要勇氣。我踏入聖保羅書院那刻，曾經有想過若老師不記得我，我應如何自我介紹而不失尷尬？畢竟，這些年來仍舊重聚的中學同

浪漫不是愛情的專利

顏加興老師

建平：

某一個教學日，社交平台傳來你久違的問候，一別近二十年，你觀察入微、沉實卻相當靈活的形象又重現目前。當年你這個中三E班的小伙子，令我印象深刻。交來的文章總是三版原稿紙起跳；字體帶點人為的壓縮加工，修飾工整，耐看。移於外表，就是爽朗、乾淨，我總希望班中有多幾篇這樣的文章。

時間過得飛快，才打開話匣子，轉眼你就坐在我的辦公室。窗外有陽光，輕柔的，正好借來聊舊事說舊情。泡一杯熱飲。招呼舊生不難，難在要招呼一位小說作家。擅於編角色、

學只有那麼三、四個，對上一次一起出來喝啤酒，要數到還未全民戴口罩之時。能夠重聚相約的老師，的確一個也沒有。

我已經忘記前往圖書館的路，熱心的校工叔叔引領我走了一小段路，我才勾起一點點回憶。來到圖書館門外，您竟親自走出來迎接，我們四目交投，您首先叫了我的名字，那熟悉而久違的聲線，讓我的緊張全消，然後向您點頭微笑。

跟著您走進圖書館的辦公室，感受到您的書卷氣息不減當年，甚至是已經昇華。我記憶中的您是個血氣方剛，初出茅廬的年輕教師。在學校與學生打成一片，當您把西瓜波射進龍門後會忘情地振臂高呼，亦會理智地因屬硬地球場而放棄鏟草式的慶祝。而那道以丹田講書的洪亮聲線，此刻在腦海中迴盪。如今時光驟

說故事的你好像才花三數分鐘就已把我列入可加工寫作的名單，我為遲早將以什麼形象現身於你的小說充滿好奇。如果可以選擇的話，我但願那不是奸角。

教了二十多年，相約舊生聚會，早已從熱情的午飯、放肆的晚餐轉而為即使取消猶可不帶歉意的下午茶。至於「明就明」更早已成為應對任何事情的口頭禪。最好的生活狀況，叫流水淙淙，波瀾不驚。

建平，你到校探望我，給我寫信，實在是我在疫情中最感到快樂和安慰的兩件事，包括之一和之二。波瀾受驚，卻是驚喜的驚。你「明就明」吧，變的是歲月，但我仍一貫自以為幽默，喜歡說笑。中佬挺住肚腩，要與時針拔河，本就是個有趣的畫面。我以為帶點幽默感的課堂和人生，相對過得容易。希望你不要

去二十年，您的風采依然，依然濃密的黑髮附帶數根歲月銀絲，說話更鏗鏘有力。當年我們是師生，如今卻都已為人父，我們竟然聊起子女經，說來也有趣。

我們沒有那種十多年不見的隔膜，除了因為大家都成為父親，我想還因為有一種共同的堅持，源自對文字的瘋狂。我特意帶了自己的兩本小說，以及在書局買了您的《我要做中文老師》，希望交流分享。因為書，我們才重遇，要感謝那個曾經在深水埗某商場輕拍我肩膀的中學同學，他向我介紹了也出版著作，特意改了一個優雅筆名，並且在文壇深耕的蒲葦老師。

向來寡言的我，甫說起自己的書就滔滔不絕，我的「推銷」能力令您大吃一驚吧！說是書改變了我，其實我仍是個不諳言語的人，只

介意，我總是不斷說笑，即使你並不覺得好笑。所謂的happy share，應是我先happy，然後才能share吧。至於我們互贈作品，互拋高帽，無疑是happy share的昇華，分不清是苦是甜。說笑而已，你我互贈作品，就像公開交換過去二十年的秘密，屬於secret share，是更happy的share了。

相信你怎樣也想不到，離開中學校園二十年，第一次回來，會是和當年的中文老師在他的圖書館辦公室談子女經，而不是四書五經。正如當年初出茅廬的只認定浪漫是愛情的專利。然後經過歲月的點撥，終於「明就明」！明白浪漫不是愛情的專利，像你的來訪和贈書，讓我再一次觸動。如果當年不是有幸成為中文老師，我將錯過今天的浪漫，來自你，來自子女經，也來自文字。昔年火紅的黎明，有

在自己著緊的範疇能夠暢言。您也禮尚往來，贈我寶貴著作，更為我題字。那句「當年課室裏一個沉默的小子，如今已成獨當一面的小說家」教我愧不敢當，其實我也常常幻想，假若我的故事能夠讓我成為小說家，那會是一個比起淘去銀河裏所有繁星更美妙的時刻，之所以夢幻，大概因為那一刻，幾乎不存在。

我是個既天真又天馬行空的寫字人，寫的都是十萬字起跳的冗長小說。老師的著作則是發人深省的散文，細閱後才頓悟，原來文字可以如斯美麗，形容可以如斯淒美，描寫可以如斯細膩。看過您的文字後，我才明白何謂淋漓盡致。

從《寂寞非我所願》中可看出層次，開首的篇章都圍繞著愛情，字裏行間透視老師是個既浪漫又將塵世看得透徹的愛情專家。那句

一句歌詞「見你一面也好，緩我念掛」的這個「你」，原來早已包括情人以外的老友、舊生、老師、子女、父母。

回家捧讀你的兩本作品，包括《八百後》及《小綠女》，皆情節緊湊，意念新穎，非常耐看。要我打分的話，以前是九十九分，現在是五星星，我為能曾經教過你中文深感自豪。別後路上珍重，那是永遠不會錯的窩心語，但建平啊，我希望你繼續寫，在做好父親和丈夫這個角色後繼續出版作品，發揮文字的力量，觸動讀者的心靈，就像今天你為我帶來的感動。

我當然不願坐著，讓你輕易超越。最近我在實踐一個教學策略，將中小學常接觸的一百篇經典文學作品製成導賞視頻，每篇四至五分鐘，同樣希望用文字、畫面打動讀者。其中一篇是唐代大詩人賀知章的《回鄉偶書》：「少

「最初的愛，叫人不自覺地親近；最後的愛，卻叫人有意識地走遠」，完美演繹了《最遙遠的距離》。我在小說裏鋪排的所謂浪漫情節，對比起這些金句，可說是不堪一擊。

老師的用字精煉幽默，中英交融，我在閱讀之時，「萬念俱Blue」的周一倦意竟然一掃而空。看您的散文既讓我會心微笑，也有觸動回憶的按鈕。《我要做中文老師》一篇代課老師的直述，令我的記憶湧上心頭。那是高中時期的事，他是個高瘦的眼鏡郎，說起話來中氣十足，講解文學經典時頭頭是道，可惜遇著一班無心向學的學生。他在黑板前高聲講書，同學在桌椅中高談闊論，三十多人的聲線完全蓋過代課老師的話語，我大概是唯一會合上嘴巴聽他講書的學生，他有留意沒有搗蛋的我。記得他最後一節課時，他沒有講書，還特意買了

小離家老大回，鄉音無改鬢毛衰。兒童相見不相識，笑問客從何處來？」你這次重回母校，即使鬢毛未衰，大抵也會有「師弟相見不相識」的感嘆？我們說這種心情是「近鄉情更怯」。

「鄉」，可以指「家鄉」，也可以借指初心、過去的本來的自己，甚至是往昔的理想或思慕的對象。有時候，愈接近就愈不敢去面對，逃避自己像迴避壓力。不瞞你說，我曾在街上碰見恩師，欣然微笑請安的念頭突然潰敗，反借身體姿勢，低頭避了過去，以為他看不見我，就如同沒留意到我的不濟和傷勢。「近鄉情更怯」，像「情到極深每說不出」，帶著半分不敬半分自虐。大勇若「怯」，一次又一次地成功開脫。

這年頭，畢業十幾年的舊生，要「衣錦還鄉」，也許相對容易。炒中幾隻股票，低買高

一大袋糖果派給我們。老師道別時沒有怪責同學，臉帶微笑地說謝謝每一位同學，親自向每位同學送上糖果，很多人接過他的糖果後都自慚形穢。他特意把一顆芒果味軟糖送給我，向

賣幾間樓房，大抵已差不多。然而，中文老師看一個舊生「衣錦還校」，最好莫過於這位舊生帶來一本作品。「明就明」，其中的價值和意義，美好得難以形容。

我說了一聲：「謝謝你，林同學。」

代課老師告訴我，無論這世界有多無情，大多數學生都不聽您講課也好，只要還有一個學生留心，也要付出心機。老師的熱情也許沒有得到應有回報，也許這些年來他仍繼續做著一個流浪教師，但教學是他的生命，即使無奈，仍舊無悔。我從他的人生哲理中領悟寫故事的道理，我的文字也許被全世界百分之九十九的人忽略，只要有那麼一個人看完，我也應該微笑，然後繼續寫下去，最多下次對環境好一點，減少印量。

蒲葦老師當然不落泊，您的文字教人動容，有教化作用，也有滲透其中的人生道理。要專心一意春風化雨逾二十載殊不容易，教學不像愛情，要負責任的從來不只一個人，而是關愛每一位學生，令他們成長，令他們成為一

因此我特別欣賞你這次的來訪和贈書，肯定是你的一次自我突破，我樂見，也感謝你終於衝破「近鄉情怯」！

年復年，我本來已從感情豐富變成沉默寡言，沒想到因與你重遇，又說了那麼多，與今天的環保概念相距甚遠。更想不到的是，這次重遇還能結集成書，連帶將你這次來訪，作了淋漓盡致的後期製作。

歡迎你以下一本作品，作溫馨的回應，或者報復。珍重為盼。

顏加興

十月二十五日

個善良知足而快樂的人。您的學生一定有醫生、律師和工程師，未知他們回來探望您時，會與您分享的，是人生道理還是養生之道？

我這個當年最沉默，最不足為道，也最沒成就的小子，相信是少數會送您書的學生。也答謝您向我採購了兩本書，並且放在學校圖書館讓同學借閱。假如有一天，有小師弟說看完我的小說，請老師一定要告訴我，容我向他說說故事。其實喜歡文字，亦能勵志。

祝

身體健康！桃李滿門！

學生

林建平敬上

十月七日

編後記

癡人造夢

吳皓妍

親愛的蒲葦老師：

「皓妍，有空電聯？😂（哭笑同步）」

雖說如今長大了，老定了，經歷生而為人的困難多了，和您比從前熟絡了……每次收到老師的WhatsApp，我依然會有種小期待，瞬間變回十年前初識您的女孩模樣：這次又有什

八年了，我仍相信師生有情

蒲葦

皓妍：

第三次看你的來信，感觸良多。記得八年前，《師生有情》第一次出版，你仍在中大中文系，給區寶文老師的信，標題是《大學是個怎樣的地方？》，此後我一直拿來做《師生有情》的示例，要你不斷重複同一個問題，實在

麼玩呢？

試過一見短訊，我便從中文大學山城熱鬧的大學迎新營溜出市區，跟您一起到出版社洽商；試過一接電話，我便立即聯絡可以一起做教育出版的中文系同門；試過一開電郵，便立刻動筆寫稿，並邀他人撰稿——八年前您說《師生有情》要出版時我曾如此，今天再版，我依然如此，大概因為如今您的樣子，依然是我初見的、不遺餘力地訴說文字夢的樣子。

十年前，在中央圖書館聽了您一次講座（內容當然不記得），當時您如癡如醉，把寫作夢說得如星辰飛揚，劃破了我當時面對公開試的黑夜。當時我不曉得文字創作是否我的夢（現在也不肯定），只記得講座後，我覺得自己要緊隨追夢的人。「師者，人之模範也」[1]，我打從心底覺得，學習對夢想的堅持，必須從

不好意思。

後來你以一級榮譽畢業，做過日校老師，輾轉創立自己的公司，成為文化達人。大學時建築夢想，大學後實踐夢想，見關過關，難得仍對培養你的恩師百般感恩，我一直非常欣賞。這次《師生有情》要出更新版，找你一起當主編，肯定是唯一、不二的邀請。

我們這次的邀稿，收穫近十萬字，主角是三十多對師生，因此我得盡快交代必須補充的編者之言。你我同為主編，但我很不客氣地作了四項主張，相信你也會同意。

第一是我把某些學生給老師信件中的「你」，底下全部添加了一個「心」，以示對老師的敬意。我們對老師，特別是教過我們的中文老師，一直懷有敬意，這個心，一定要加進去。

師如您。可能比追星的人更過分，當時我撥開您跟前的一大堆男學生，向老師要了電話。多年來，自問欠了您一句正式感謝，感謝您不嫌我當時冒犯，一直在寫作、出版與教育的路上提攜。

後來，自己當了日校中文老師又離開，建造自己夢想的生活、夢想的教育文化公司，或多或少受老師的影響。例如《師生有情》這類談夢想的工程，其實您在挑戰，挑戰到底被行政工作充塞的教員室、被測考補課充塞的學生

第二是我把那些抬頭是教授、博士的老師，一律以老師稱之。我相信一個令人尊敬和感恩的老師，不應區分學歷、職位，相信投稿的老師們會同意這個做法。

第三是我統一刪去了署名「XX老師」的老師二字，並盡可能以全名作為下款，以示謙虛（一笑）。按禮，「老師」之稱應出自學生或其他人士，希望大家會認同這個做法。

最後是書信的日期，我統一刪去信件的年份。如你所說，第一版《師生有情》已是八年

日程……到底讓有沒有細水長流的溫情。香港師生忙碌如此，能有時間寫長篇書信？畢業後學生能短訊一下老師已屬難得吧。看著《師生有情》當年成書、後來再版、現在又再成書，讓我明白了：普天之下，只要有一個先説出要造夢的癡人，夢想自會感染人。感謝您十年間帶領編成兩輯《師生有情》，把許多懸浮在青春的校園回憶、沉沒在手機的短訊交流、人與人之間最自然的羈絆，化成有重量、有溫度的書。

收來的多是電郵稿，但每封信的溫度，都夠我閱讀時「哭笑同步」，不知多年來您讀到不同的稿會否如此？世界也許讓我們的日常都充滿辛酸淚，但師生之間能有一紙傾吐，哪怕滿紙荒唐言，也算是人間美好。

期待您在完成此書以後，隨便一個晚上

前的事。現今出書，從構思到出版，很容易就過了兩、三年，標上年份，我以為很快便有過時之感。為了顯示師生情懷可永葆青春，戰勝時間，我自作主張，刪掉了年份，並自我感覺良好。在此一併告訴你，希望你和讀者能夠體諒一位老編的心情。

以上是我對此書的「四大堅持」或「四大固執」。

寫這封信的時候，全書亦接近完成階段，作者或編者開始漸生幸福感，這使我想起張籍的名篇《秋思》：

洛陽城裏見秋風，欲作家書意萬重。
復恐匆匆說不盡，行人臨發又開封。

我相信師生之情，亦如親人，有時情往似贈，輕柔自在，有時則戰戰兢兢，唯恐破碎。此書盛載超過三十對師生的情誼，捧在掌心，突如其來的短訊，喚我一起再用紙筆，造出別的夢。

祝

有足夠的身體健康支撐您了不起的夢！

跟您一起追夢的

皓妍上

八月二十四日

注釋：

1. 揚雄《法言·學行卷第一》：「務學不如務求師。師者，人之模範也。」

一看再看，無論出版前後，都生怕出錯，自然少不免膽戰心驚。

然而，不管是八年、八十年，還是八百年，我們一定都深信，師生仍然有情，然則這本書，無論如何仍有出版的必要和意義。

我們互相鼓勵吧！

蒲葦

十二月二十九日

鳴謝

本書得以順利出版，有賴三聯團隊的努力及支持。特別感謝葉佩珠小姐、周建華先生、梁偉基先生對本書理念的認同、對投稿師生的鼓勵；許正旺先生則不辭勞苦，跟進本書的繁瑣編務，謹致謝忱。

責任編輯　許正旺
書籍設計　陳朗思

書　　名　總有您鼓勵——三十五對師生的真情故事
主　　編　蒲葦　吳皓妍
出　　版　三聯書店（香港）有限公司
　　　　　香港北角英皇道四九九號北角工業大廈二十樓
　　　　　Joint Publishing (H.K.) Co., Ltd.
　　　　　20/F., North Point Industrial Building,
　　　　　499 King's Road, North Point, Hong Kong
香港發行　香港聯合書刊物流有限公司
　　　　　香港新界荃灣德士古道二二〇至二四八號十六樓
印　　刷　美雅印刷製本有限公司
　　　　　香港九龍觀塘榮業街六號四樓A室
版　　次　二〇二二年六月香港第一版第一次印刷
規　　格　大三十二開（140×196mm）二四八面
國際書號　ISBN 978-962-04-4968-0